GÜTERSLOHER
VERLAGSHAUS

Gütersloher Verlagshaus. Dem Leben vertrauen

Dr. Roman Leuthner leitet einen mittelständischen Verlag. Nach seinem Studium der Politik-, Wirtschafts- und Kommunikationswissenschaft zählen unter anderen die Süddeutsche Zeitung und das Handelsblatt zu seinen beruflichen Stationen. Der gelernte Wirtschaftsjournalist hat zahlreiche Bücher zu verschiedenen Themen (Rhetorik, Finanzen, Management, Sprachen, Satire) veröffentlicht.

Mila Golubtsova hat Rechtswissenschaften in Stavropol und an der renommierten Juristischen Fakultät der Universität Sankt Petersburg studiert und war in verschiedenen Unternehmensberatungsgesellschaften und Juristischen Kanzleien der Russischen Föderation tätig. Zurzeit bereitet sie ihre berufliche Tätigkeit in Deutschland als juristische Beraterin und Dolmetscherin vor.

Roman Leuthner I Mila Golubtsova

Deine Kinder – meine Kinder

Wie Patchwork-Familien eine stabile
Gemeinschaft werden

Gütersloher Verlagshaus

Bibliografische Information der Deutschen Nationalbibliothek
Die Deutsche Nationalbibliothek verzeichnet diese Publikation
in der Deutschen Nationalbibliografie; detaillierte bibliografische Daten
sind im Internet über http://dnb.d-nb.de abrufbar.

1. Auflage
Copyright © 2007 by Gütersloher Verlagshaus, Gütersloh,
in der Verlagsgruppe Random House GmbH, München

Umschlaggestaltung: schwecke.mueller Werbeagentur GmbH, München
Umschlagmotiv: getty images
Satz: Katja Rediske, Landesbergen
Druck und Einband: Těšínská Tiskárna AG, Český Těšín
Printed in Czech Republic
ISBN 978-3-579-06431-4

www.gtvh.de

Inhalt

Vorwort

Wer dieses Buch zum Thema Patchwork-Familie erworben hat, wird in den allermeisten Fällen Beratung suchen. Ratgeber über Probleme in Partnerschaft und Familie und viele andere mögliche und unmögliche zwischenmenschliche Beziehungsformen füllen die Regale. Allzu oft jedoch erweisen sie sich als theoretische oder abstrakte Abhandlungen, die ein »normaler« Mensch mit alltäglichen Problemen schnell wieder aus der Hand legt, weil sich Familientherapeuten, Sozialwissenschaftler verschiedener Provenienzen und Psychologen – so wichtig diese Disziplinen auch sind – ein Stelldichein gegeben und für sich selbst geschrieben haben. »Für sich selbst« – in ihrer eigenen Terminologie und gemäß ihrer eigenen wissenschaftlichen Argumentationsmuster. Oder aber die Ratgeber kauen allzu Selbstverständliches wieder und enttäuschen die Erwartungen der Leser. Die Autoren dieses Buches haben sich deshalb vorgenommen, die unzweifelhaft wichtigen und richtigen Untersuchungen und Ansätze der Familientherapie mit den alltäglichen (nicht aber beliebigen und banalen) Erfahrungen von Menschen zu verknüpfen, die in einer Patchwork-Familie leben. So findet der Leser zahlreiche Beispiele aus der Wirklichkeit, Schilderungen konkreter Probleme und deren Lösungsversuche sowie Berichte aus unterschiedlichen Lebenszyklen und verschiedenen familiären Konstellationen. Dabei spielen die Akteure in einer Patchwork-Familie, das neue Elternpaar, ihre leiblichen und nicht leiblichen Kinder sowie deren leibliche Elternteile außerhalb der neuen Familienkonstellation immer die Rolle, die ihnen zukommt: die Hauptrolle.

Einführung

Der Anteil geschiedener Ehen im Verhältnis zu den neu geschlossenen Ehen liegt in Deutschland bei knapp 50 Prozent. Tendenz steigend. Das heißt: Wenn sich an einem Sonntag im Wonnemonat Mai zwei frisch verliebte Paare vor dem Standesbeamten und/oder dem Priester ihrer Heimatstadt das »Ja«-Wort geben, lässt sich zugleich ein anderes und nicht mehr sehr verliebtes Paar im einige Straßen entfernten Familiengericht scheiden. Zwei zu Eins, zwei Mal *Neustart*, ein Mal *Fatal Error*, zwei Mal Honeymoon, ein Mal »Szenen einer Ehe«.

So viel zur (ernüchternden) Statistik, die wieder einmal zeigt, dass die Ehe zu den Lebensrisiken zählt, die weitaus häufiger als Verkehrsunfälle und Insolvenzen zu irreversiblen Schäden führt. Als wirklicher Trost kann auch nicht der hämische Blick nach Weißrussland, Russland oder Schweden dienen, wo die Relation zwischen neuen und geschiedenen Ehen mit 68, 65 und 64 Prozent noch katastrophaler ausfällt als hierzulande.

Gleichwohl, oder vielleicht gerade deshalb, lassen sich immer mehr Ex-Verheiratete vor einem weiteren Gang zum Standesamt nicht schrecken. Warum sollte das bei einem zweiten Versuch nicht gelingen, was beim ersten schiefging? Außerdem muss ja nicht unbedingt geheiratet werden. Und auch hier belegt die Statistik eine steigende Tendenz: Während die Zahl der jährlichen Eheschließungen in Deutschland in etwa auf dem gleichen Niveau verbleibt, steigt die Zahl »außerehelicher Lebensgemeinschaften« an, wie Staat und Kirche derartige Verhältnisse naserümpfend nennen.

Kein Wunder. Man ist nach ersten Ehe-Erfahrungen eben doch ein wenig vorsichtiger geworden und stürzt nicht sofort zum nächst besten Juwelier, um die passenden Trauringe zu bestellen. Oft sind aber auch die neuen Verhältnisse und Lebensumstände schuld. Die aktuelle Partnerin oder der neue Partner kommt nicht alleine, sondern reist mit »Gepäck« an. Seine, ihre, Vergangenheit ist es, die alles ein bisschen komplizierter gestaltet und die lauthals auch ihr Recht einfordert: Kinder aus erster Ehe, aus einer früheren Beziehung! Was tun? Oder besser gefragt: Warum nicht? Ungezählte Patchwork-Familien, Lebensgemeinschaften also, die nach dem bunten Muster eines Flickenteppichs gewebt sind, machen es vor. Es funktioniert, mal besser, mal schlechter, aber in vielen Fällen …

Für ein wirklich reibungsloses, zumindest aber reibungsarmes, Gelingen solch einer modernen zwischenmenschlichen Konstruktion sind Grundregeln und Verhaltensmuster von Bedeutung, ohne die es nicht geht. Regel Nummer Eins: Neugier und Offenheit. Ohne diese Charaktereigenschaften dürfte ein Mensch, der nicht nur einen neuen Lebenspartner gefunden hat, sondern gleich eine Familie »heiratet«, Schiffbruch erleiden. Sich-auf-Neues-einlassen und es genießen, mit fremden Lebensentwürfen konfrontiert zu werden, ist unerlässlich. Regel Nummer Zwei: Toleranz und Kompromissbereitschaft. Auch diese Einstellung gehört zu den Voraussetzungen, und die Erkenntnis, dass nicht immer nur die Kinder des Partners daran schuld sind, wenn es Zoff gibt, sondern es durchaus auch die eigenen lieben Kleinen sein können, die die anderen provozieren, ärgern und verhauen, ist unabdingbar. Derlei Regeln gibt es viele, und nicht jeder ist ein überzeugter Patchworker. Doch, was nicht ist, kann immer noch werden.

Dieser Ratgeber soll dabei helfen. Seine zahlreichen Tipps beruhen auf Erkenntnissen aus der Familien-, Erwachsenen- und Kinderpsychologie, auf der Sammlung und Sichtung von Erlebnissen von Patchwork-Familien und vor allem auch auf den persönlichen Erfahrungen vieler leibhaftiger Patchworker. Von Wert darüber hinaus ist die Einordnung dieser Form des Zusammenlebens in den notwendigen rechtlichen und versicherungsrechtlichen Rahmen. Denn, hallo, wir leben in Deutschland, und hier gibt es keine Unordnung, sondern etliche Paragrafen, Normen und Verordnungen, die Patchworker unbedingt kennen sollten.

Die Zeit vor der Patchwork-Familie

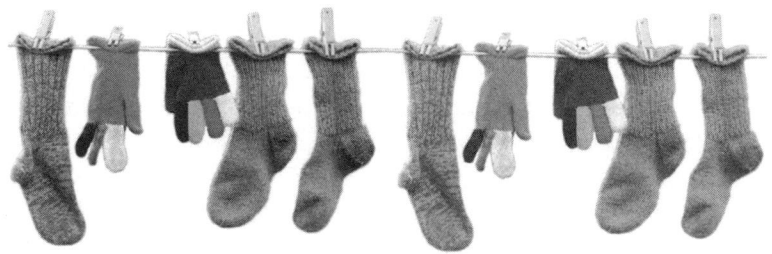

Was versteht man unter einer Patchwork-Familie?

Das Wort stammt aus der englischen Sprache, wie so vieles, was modern und neudeutsch daherkommt. Patchwork: Das ist ein Flecken- oder Flickenteppich, ein Teppich, der aus mehreren, vielleicht willkürlich zusammengewürfelten oder auch ganz bewusst ausgewählten, verschiedenfarbigen und unterschiedlich großen, Teilen besteht. In Bezug auf die Familie wird mit dem Substantiv Patchwork eine neue Form des familialen[1] Zusammenlebens beschrieben: eine Patchwork-Familie setzt sich wie ein bunter Teppich aus zufällig zusammengewürfelten Menschen zusammen. Dazu gehören Eltern, die neu verheiratet oder auch nicht miteinander verehelicht sind, und Kinder, die nicht alle aus dieser neuen Verbindung stammen, sondern auch aus einer früheren Ehe oder Partnerschaft mindestens eines Elternteils. Vater oder Mutter, manchmal auch beide, haben also Kinder aus früheren Verbindungen in die neue Familie mit einge-

---

1. Die Familienpsychologie und -therapie spricht von *familialen*, nicht von *familiären* Zusammenhängen.

bracht. Im Gegensatz zur traditionellen Familie ist es das Kennzeichen einer Patchwork-Familie, dass nicht alle Mitglieder miteinander biologisch verwandt sind.

Nach den Ergebnissen der »Eltern-Familien-Analyse 2002«, die das Institut für Demoskopie Allensbach im Auftrag der Zeitschriften »ELTERN« und »ELTERN for familiy« durchgeführt hat[2], leben 15 Prozent der Eltern mit Kindern unter 14 Jahren in einer Patchwork-Familie, in die ein oder beide Partner mindestens ein Kind aus einer früheren Beziehung eingebracht haben. Durchschnittlich jede siebte der rund zehn Millionen Familien in Deutschland ist eine Familie dieser Form. Voraussetzung für die Patchwork-Familie ist es also nicht, dass beide Elternteile jeweils ein oder mehrere Kinder aus einer früheren Verbindung in den Haushalt einbringen; es genügt, dass der Nachwuchs eines der neuen Beziehungspartner mit im Haushalt lebt.

Unsere Beispielfamilie

- Sabine Müller, geborene Matussek, war 12 Jahre lang mit Karl Müller verheiratet. Aus der gemeinsamen Ehe erwuchsen die beiden Kinder Barbara (9) und Mark (11). Die Ehe wurde vor einem Jahr geschieden und Sabine Matussek, nach der Scheidung hatte sie ihren Mädchennamen angenommen, blieb zunächst als allein erziehende Mutter mit ihren Kindern in der einst gemeinsamen Wohnung der früheren Eheleute.
- Tom Berger lebte bis vor zwei Jahren in einer Beziehung mit seiner Lebensgefährtin Lea Mertes. Das unverheiratete Paar hat eine gemeinsame Tochter Luca (5). Tom und Lea trennten sich und lösten die gemeinsame Wohnung auf. Lea, die

2. Vgl. www.eltern.de/familie_erziehung/familienleben/patchwork.html.

als Produktmanagerin aufgrund ihrer anstrengenden beruflichen Tätigkeit mit vielen Dienstreisen und Auslandsaufenthalten ihre Tochter nicht ausreichend versorgen kann, war damit einverstanden, dass Luca bei ihrem Papa aufwächst, der sich als Lehrer regelmäßig um sie kümmern kann.

• Sabine Matussek und Tom Berger lernen sich bei einem Elternabend in Toms Schule kennen, verlieben sich und beschließen nach einen halbem Jahr, eine gemeinsame Wohnung zu beziehen.

• Die Patchwork-Familie Berger-Matussek besteht aus Tom und Luca Berger, Sabine Matussek, Barbara und Mark Müller.

• Wenige Monate später ist Sabine schwanger. Tom und Sabine heiraten, Sabine nimmt Toms Familiennamen an. Sohn Stefan wird geboren.

• Die Patchwork-Familie besteht nun aus den Eltern Tom und Sabine Berger sowie den Kindern Luca Berger, Barbara und Mark Müller sowie Stefan Berger.

Die Bezeichnung Patchwork für eine Familie dieser Form ist nicht unbedingt positiv zu werten. Immerhin haftet dem, bayerisch so nett genannten,»Fleckerlteppich« stets der Makel der »Zufälligkeit«, des »Zusammengewürfelt-Seins«, kurz einer »chaotischen« und nicht organisch gewachsenen Beziehungssituation an. Menschen, die selbst in einer Patchwork-Familie leben und glücklich in dieser Konstellation sind, werden heftig widersprechen. Zu Recht. Gleichwohl müssen wir festhalten, dass der Begriff Patchwork dieser Form des familialen Zusammenlebens den Beigeschmack der»Notlösung« und des»Zweiten Siegers« verpasst.

Die Ursache hierfür liegt im traditionellen Familienbegriff und im rechtlichen-normativen Empfinden unseres Kulturkreises. Die traditionelle Familie, bestehend aus dem verheirateten Elternpaar und seinen gemeinsam gezeugten Kindern, wird in einigen Bereichen stärker und nachhaltiger vom Staat und seinen Institutionen geschützt und gefördert als andere Formen des gemeinschaftlichen Zusammenlebens von Erwachsenen und Kindern (vgl. S. 141ff.). Religiös, politisch und gesellschaftlich tradierte Werthaltungen und das rechtliche Empfinden verändern sich selten abrupt, sondern entwickeln sich nur über längere Zeiträume und Generationen. Natürlich verbergen sich hinter diesen Werten, Normen und Grundhaltungen nicht nur krude religiöse Dogmen und Ideologien oder konservative also system-erhaltende gesellschaftspolitische Überzeugungen, sondern auch durchaus vernünftige Erfahrungswerte – beispielsweise, dass Kinder für die Zeit ihres Heranwachsens möglichst verlässliche Rahmenbedingungen benötigen, damit sie sich zu stabilen Persönlichkeiten entwickeln, die ihrer unmittelbaren Umwelt mit einer Art Urvertrauen begegnen können. Wechseln die wichtigsten Bezugspersonen in diesen entscheidenden Lebensjahren jedoch häufig, sind Kinder ständig gezwungen, sich neu zu orientieren und neue Beziehungen aufzubauen. Sie laufen Gefahr, das kostbarste Gut des familiären Miteinanders, die Nestwärme (vgl. S. 39f.), nicht in ausreichender Form zu erhalten. Selbstverständlich müssen die Vorteile sich verändernder Beziehungssituationen ebenso berücksichtigt werden, die etwa in der wachsenden Selbstständigkeit und Flexibilität der Kinder gesehen werden können.

Trotzdem: Der saloppe englische Terminus Patchwork ist allemal besser und weniger diskriminierend als das treudeutsche Wort von der »Stief«-Familie. Die Vorsilbe »Stief«- ist abgeleitet aus der althochdeutschen Vorsilbe »stiof«- und bedeutet so viel wie »hinterblieben« oder »verwaist«. Das Stiefkind also ist ein nicht mehr »vollwertiges« Kind, eines, das »zurückgeblieben« ist, das entweder Vater oder Mutter durch Tod oder Trennung oder auch beide Elternteile entbehrt. Assoziationen »Verzicht«, ein »halbes« Leben, das künftig mit einer eventuell bösen Stiefmutter oder einem hartherzigen Stiefvater geteilt werden muss, schwingen mit. Alles, was mit dieser Vorsilbe zu tun hat, klingt nach Aschenputtel und zahllosen weiteren Märchen der Gebrüder Grimm oder des genialen Geschichtenerzählers Hans Christian Andersen. À propos: Interessanterweise kommt auch die englische Übersetzung der deutschen Vorsilbe »stief«- freundlicher und verträglicher daher. Sie lautet »step«- (Schritt) und setzt sich in der »stepfamiliy«, der »Stief-Familie« fort. Die durchweg negative Besetzung des deutschen Worts von der Stief-Familie hat deshalb dazu geführt, dass in der Sozialwissenschaft häufiger von »Fortsetzungsfamilien« oder »Zweitfamilien« im Gegensatz zur »Kern«- oder »Normalfamilie« gesprochen wird. Darüber hinaus bezeichnet die Wissenschaft die »Als-ob-Familie«, die auf eine familiale Situation angewendet wird, in der die Eltern dem Kind vorenthalten, dass entweder Vater oder Mutter nicht der leibliche Elternteil sind.

»Stief«-, »Fortsetzungs«-, »Zweit«- oder »Als-ob-Familie« hin oder her: Wir sprechen von der Patchwork-Familie, da sich dieser Ausdruck immer mehr im gewöhnlichen Sprachgebrauch durchsetzt und auch in die offiziellen Schriften und Untersuchungen zahlreicher Institutionen Eingang gefunden hat.

Zur Charakteristik der Patchwork-Familie

Im Unterschied zur Normal- bzw. Kernfamilie können wir, zunächst wertfrei, sieben charakteristische Merkmale[3] von Patchwork-Familien benennen:

1. Geschichte
Die Mitglieder der Familie haben keine gemeinsame Geschichte. Die Familie ist nicht gewachsen. Vielmehr werden die indi-

---

3. Vgl. Bien, Walter / Hartl, Angela / Teubner, Markus (Hrsg.): Stieffamilien in Deutschland, Leske + Budrich, Opladen 2002.

viduellen Geschichten zumindest zweier Familienstränge miteinander verknüpft.

2. Gegenwart und Vergangenheit
Die Gründungsgeschichte einer Patchwork-Familie steht typischerweise mit zumindest einer Trennungsgeschichte in Verbindung. Demzufolge ist eine Patchwork-Familie einerseits ein Neuanfang, andererseits jedoch wirkt die Vergangenheit häufig tief in die Gegenwart der Familienmitglieder hinein.

3. Wohnort
Die Patchwork-Familie führt zwar in der Regel einen gemeinsamen Haushalt. Die Mitglieder der Familie leben gleichwohl zu bestimmten Zeiten auch an anderen Orten, beispielsweise halten sich Kinder an Wochenenden und Ferien bei den leiblichen Eltern und an deren Wohnorten auf. An freien Tagen, Wochenenden und in den Schulferien ist die Patchwork-Familie deshalb oft nicht vollständig zu Hause anzutreffen.

4. Beziehungsgeflecht
Die Lebensgemeinschaft Patchwork-Familie besteht aus einem komplexen Netzwerk getrennter und miteinander verwobener Verwandtschaftsverhältnisse, da zumindest zwei Familienstränge miteinander verbunden werden.

5. Innen-Außen-Wirkung
Zumindest ein leiblicher Elternteil von Kindern lebt außerhalb der Patchwork-Familie. Damit ist diese Familie niemals als homogene Zelle in sich geschlossen, sondern steht immer im Austausch mit wichtigen Bezugspersonen außerhalb der eigenen Konstellation.

6. Verschiedene Lebensphasen der Familienmitglieder
Eine Patchwork-Familie hat häufig Mitglieder, die in verschie-

denen Lebensphasen leben. Der Altersunterschied zwischen den neuen Elternteilen ist durchschnittlich größer als in Normalfamilien. Darüber hinaus leben oft Kinder unterschiedlicher Altersstufen im Haushalt.

7. Rechtliche Sicherheit (vgl. S. 141f.)
Die Handlungsfreiheit einer Patchwork-Familie im Familienverband ist eingeschränkt, da die rechtliche Sicherheit im Vergleich zur Normalfamilie fehlt. Dabei spielen Sorge-, Umgangs- und Unterhaltsrecht für Kinder eine entscheidende Rolle.

Wer die Vergangenheit nicht versteht, kann die Gegenwart nicht begreifen und die Zukunft nicht meistern

Die Vergangenheit ist vergangen

Wir alle kennen den klugen Satz: »Wer seine Vergangenheit nicht kennt, kann seine Zukunft nicht meistern«. Er wird häufig zitiert – sowohl in politischen und gesellschaftlichen als auch in privaten Zusammenhängen. Was aber klug und richtig und darüber hinaus auch zwingend logisch ist, wird lange noch nicht in jeder Lebenssituation befolgt. Es ist ja auch nicht einfach und manchmal recht schmerzhaft, sich mit den eigenen Lebenserfahrungen auseinanderzusetzen, die immer aus guten, aber auch aus negativen Erlebnissen und Erfahrungen bestehen. Sich an die guten Stationen der eigenen Biografie zu erinnern, fällt leicht; die schlechten Phasen in unserem Lebenslauf verdrängen wir jedoch allzu gerne. Das ist menschlich, nur allzu menschlich, birgt aber eine große Gefahr – die Gefahr der Wiederholung.

Und so ist es keineswegs unverständlich, dass Menschen besonders in zwischenmenschlichen Beziehungen den- oder dieselben Fehler zwei Mal, drei Mal oder noch häufiger begehen. Ein Beispiel:

Conny verabredet sich mit Silke in einem Café. Am Telefon ist sie völlig aufgelöst. Wenig später erfährt Silke, dass die Freundin ihrem Lebensgefährten Manuel den Laufpass gegeben hat. »Das gibt es doch nicht«, heult Conny, »wie kann ich nur so blöd sein? Ich hätte doch gleich erkennen müssen, dass Manuel genau derselbe unzuverlässige und fiese Typ ist wie mein Ex!«

Hat sie aber nicht, weil sich unser Verhalten, wie das von Conny, auf unsere genetisch vererbten Anlagen sowie auf im Zuge unserer Sozialisation entwickelten Handlungsmuster, zurückführen lässt. Angeborene charakterliche Eigenschaften sind das eine, Erlebnisse, Erfahrungen und die Prägungen des individuellen familiären, sozialen und wirtschaftlichen Umfelds – Familie, Eltern, Schule, Freundeskreis, Ausbildung und Berufslaufbahn –, sind das zweite Bündel von Faktoren, die das komplexe System unseres dazu zeitlich parallelen und späteren Verhaltens beeinflussen. Dabei spielen rationale und kognitive (gedankliche) Einflüsse eine ebenso große Rolle wie psychoemotionale Indikatoren.

Das soll nicht heißen, dass wir unser Verhalten prinzipiell nicht kontrollieren könnten. Im Gegenteil: Der Mensch unterscheidet sich besonders deshalb von anderen Lebewesen, insofern er die Folgen seines Verhaltens kalkulieren kann bzw. sie kalkulieren können müsste. Der US-amerikanische Psychologe und Wissenschaftsautor Daniel Goleman[4] bezeichnet diese menschliche Fähigkeit als »emotionale Intelligenz« und zählt dazu unter

---

4. Daniel Goleman: EQ Emotionale Intelligenz. Deutscher Taschenbuchverlag, München, 1997.

anderem die Qualifikation, sich vorstellen (»ausmalen«) zu können, welche Reaktion eine eigene Handlung bei anderen Menschen auslösen könnte oder auch die Fähigkeit, sich in Mitmenschen »hineinzuversetzen«, d. h. deren Gefühle und Stimmungen nachvollziehen zu können. Seine Erkenntnisse schöpfte Goleman aus seinen vielfach beachteten Arbeiten zur Intelligenzforschung, und heute wissen Personalberater, dass die emotionale und soziale Kompetenz von Mitarbeitern bei ihrer Beurteilung ebenso bedeutend sind wie fachliche Qualifikationen.

Menschliche Verhaltensmuster sind demnach keineswegs angeboren und nicht mehr korrigierbar. Je nach dem Temperament und den individuellen Charaktereigenschaften von Menschen sind diese allerdings einfacher oder weniger einfach zu beeinflussen. An was Sie sich immer wieder erinnern sollten in diesem Zusammenhang: Der Mensch ist ein lernfähiges Wesen! Versuchen Sie deshalb nicht nur, mit anderen Menschen emotional intelligent umzugehen, sondern beherzigen Sie das auch im Umgang mit sich selbst! Es mag ja sein, dass Sie in Ihrer Vergangenheit Fehler gemacht haben (wer kann von sich behaupten, keine begangen zu haben?); es mag ja sein, dass es in Ihrer Vergangenheit Dinge gibt, die Sie heute nicht mehr so machen würden und zu denen Sie nicht mehr mit Überzeugung stehen können, Dinge, die Ihnen peinlich und unangenehm sind, Dinge, die nicht mehr rückgängig zu machen sind und für die Sie sich vielleicht sogar schämen.

Falls dies so ist, dann ist es kein Fehler, hart zu sich selbst zu sein, sich eigenes Fehlverhalten einzugestehen und vor sich selbst zu missbilligen. Aber, und dieses »aber« schreiben Sie mit Großbuchstaben (ABER): Sie dürfen die Gegenwart und Ihre Zukunft nicht damit belasten, ständig über das, was in der Vergangenheit falsch gelaufen ist, zu brüten und sich eigene Fehler wieder und wieder vorhalten. Verstehen Sie das nicht falsch: Sie sollen Ihre Vergangenheit nicht verdrängen, keineswegs. Sie müssen sich jedoch auch selbst die Chance zugestehen, eigene Fehler einzusehen, zu korrigieren und deshalb künftig anders zu handeln. Kurz: Sie müssen sich selbst verzeihen können, ebenso wie anderen Menschen, die Ihnen etwas angetan haben, sich Ihnen gegenüber falsch, unfair oder fies verhalten haben. Solange Sie das nicht tun, sind Sie nicht wirklich fit für Gegenwart und Zukunft, denn Sie leben noch (geistig, seelisch, emotional) in der Vergangenheit.

Lassen Sie also Ihre Vergangenheit los – mit allem, was Sie aus Ihrer heutigen Sicht und mit Ihrer heutigen Erfahrung bei sich und anderen als falsch, dumm, leichtsinnig, unfair, gemein, fies etc. bewerten. Sie müssen loslassen, sonst drehen Sie sich permanent im Kreis, und das Leben geht an Ihnen vorüber, ohne, dass Sie etwas zum Besseren gewendet hätten. Wer nicht loslassen kann, den lässt die Vergangenheit nicht los!

Das ist immer wichtig, besonders aber vor dem Hintergrund einer neuen Beziehung, die Sie mit einem neuen, mit einem anderen, Menschen eingehen und harmonisch gestalten wollen. Denn Ihr neuer Partner ist in der Regel an allem völlig unschuldig, was Sie in ihrer Vergangenheit erlebt und eventuell erlitten haben. Er kann nichts für Demütigungen, Verletzungen, für Streit und tiefe Verzweiflung. Er hat die bösen Worte, die Ihnen an den Kopf geworfen wurden, nicht gesagt; nicht er hat Ihnen Schmerzen zugefügt. Denken Sie deshalb immer daran, dass Sie früheres Unrecht, das an Ihnen begangen wurde, auf einen völlig daran Unschuldigen übertragen, wenn sie es zulassen, dass dieser »neue« Mensch in Ihnen negative Assoziationen an früher Erlebtes weckt. Das heißt nicht, dass Sie erneut »auf die heiße Herdplatte« fassen sollen, nein: Wer sich einmal verbrannt hat, weiß, dass es wehtut und dass er diese Schmerzen künftig tunlichst vermeiden sollte. Das heißt aber auch, dass nicht bereits der Einkauf von Lebensmitteln, der Gedanke ans Kochen, die vorbereitenden Arbeitsgänge und das Einschalten der Kochplatte schmerzen!

Zusammenfassend kann man nur raten: Lernen Sie aus den Fehlern, die Sie selbst gemacht haben, fällen Sie ein klares Urteil über das Fehlverhalten anderer Menschen in Ihrer Vergangenheit, gestehen Sie sich selbst und anderen Stärken aber auch Schwächen zu – und versuchen Sie dann, dieses Kapitel zu schließen und Neuem offen und unbelastet gegenüberzutreten. Kurzum: Nur, wer wirklich im Reinen mit sich und seiner Vergangenheit ist, kann stark und offen genug für Neues sein. Lassen Sie deshalb alles, was Sie heute nicht mehr belasten sollte (weil es vergangen ist), dort, wo es hingehört – in der Vergangenheit!

Die Gegenwart darf die Zukunft nicht belasten

Ebenso wichtig ist es, dass Sie Ihre aktuelle Situation und Ihre Probleme von heute nicht auf die Zukunft übertragen. Eventuell gibt es Umstände, die sie nicht so glücklich sein lassen, wie Sie es sich wünschen. Gibt es Streit mit Ihrem/r früheren Partner/in oder leidet Ihr neuer Partner unter dem Verhalten des Ex? Läuft vielleicht gerade eine unerfreuliche und belastende Scheidung, bei der Sie sich über Kinder, Haus, Geld und Trennungsschuld auseinandersetzen müssen? All dies kann das Leben sauer werden lassen und es schwer machen, sich eine gute Zukunftsperspektive vorzustellen.

Das aber ist im Zusammenhang mit einer neuen familiären Situation unabdingbar. Jeder Neustart erfordert Kraft und die Fähigkeit, sich darauf zu konzentrieren. Ohne ein klares Ziel vor Augen zu haben und davon überzeugt zu sein, dass es sich lohnt, in das Neue Lebenskraft, Emotion und Zuversicht zu investieren, wird es unmöglich sein, die nötige Power aufzubringen. Diese Extra-Portion an Kraft, Ausdauer und innerer Ruhe benötigen Sie jedoch, wenn Sie sich als Elternteil in eine Patchwork-Situation begeben, da Sie sich in dieser Lage sehr schnell und intensiv mit Problemen befassen müssen, an die Sie in Ihrem früheren Leben keinen einzigen Gedanken verschwendet haben …

Die Praxis ist häufig komplizierter als die Theorie, gleichwohl: Versuchen Sie den Kopf frei zu bekommen und schauen Sie nach vorne. Hier liegt Ihre Zukunft und nicht bei den Problemen, die Sie aktuell noch lösen müssen!

Fazit oder: Was wir Ihnen raten möchten

Schauen Sie nicht im Zorn und/oder Schmerz zurück! Zugegeben, das ist leichter gesagt oder geschrieben als getan. Demütigungen, Verletzungen, Unrecht – alles, was wir im Verlauf des Lebens über uns ergehen lassen müssen, kann Jahre, Jahrzehnte, ja ein ganzes Leben lang quälen. Ein gutes Beispiel dafür sind Fehler, die Eltern an ihren Kindern begehen und diese im schlimmsten Fall für ihre gesamte Zukunft prägen und belasten können. Es kann aber auch sein, dass das eigene schlechte Gewissen keine Ruhe gibt und die Selbstvorwürfe einfach nicht enden wollen. In beiden Fällen ist es ratsam, alles dafür zu unternehmen, zu verzeihen (sich selbst auch!) und, wenn immer möglich, einen Schlussstrich zu ziehen. Falls dies nicht gelingen sollte, nehmen Sie professionelle und gegebenenfalls therapeutische Hilfe in Anspruch! Das Päckchen, das Sie aus Ihrer Vergangenheit auf dem Rücken tragen, kann ansonsten ein neues Leben unmöglich machen oder einen Neuanfang erheblich erschweren.

Versuchen Sie nicht, Ihr neues Leben von vornherein zu reglementieren und in Bahnen zu zwängen! Lassen Sie das Neue zu, seien Sie neugierig auf Erlebnisse und Erfahrungen! Begehen Sie nicht aus Angst, die Vergangenheit könnte sich wiederholen, den Fehler, Dinge von vornherein auszuschließen. Eine neue Liebe, eine neue Partnerschaft ist ein Geschenk, das langsam und erst nach und nach ausgepackt werden sollte.

Vergleichen Sie Ihre/n neue/n Partner/in nicht mit dem/der vorhergehenden Partner/in! Wenn Sie ständig Parallelen ziehen und eventuell auf eine Reaktion oder einen Charakterzug warten, der Ihnen in schlechter Erinnerung ist, lassen Sie Ihrer neuen Beziehung keine Chance, sich ehrlich zu entwickeln. Besonders die Patchwork-Familie braucht aber eine harmonische und ehrliche Beziehung des Elternpaars.

Was für ein Typ sind Sie?

Jede Typologie läuft Gefahr, einseitig zu sein und zu relativ undifferenzierten Erkenntnissen zu führen. Menschen sind nicht in einfache Kategorien zu pressen – nach dem Motto: Herr Müller passt in Schublade 2b, Frau Meier in 5f. Betrachten Sie die nachfolgende Typologie deshalb nicht unter wissenschaftlichen Aspekten; sie beruht weder auf repräsentativen Erkenntnissen noch auf empirischen Erhebungen, sondern auf der Summe von unterschiedlichen Erfahrungen von Patchworkern, die sich die Autoren bei einer kleinen privaten Umfrage sowie durch die Analyse verschiedener Berichte zunutze gemacht haben.

Typologien können dabei helfen, Muster im Verhalten und in den individuellen Handlungsweisen zu erkennen und sie besser zu verstehen. Nicht mehr als das ist das Anliegen dieser Typologie. Dabei setzen wir voraus, dass Sie sich in einer Situation befinden, in der Sie einen neuen Lebenspartner kennengelernt haben und vor der Entscheidung stehen, mit Ihren eigenen und/oder deren/dessen Kindern aus einer früheren Beziehung einen gemeinsamen Haushalt zu gründen. Kurz: Sie überlegen sich gerade, ob Sie eine richtige Patchwork-Familie gründen wollen.

Es handelt sich nicht um einen pseudo-psychologischen Test, der im Falle der jeweils »richtigen« Antwort die Lösung von individuellen Problemen vorgaukelt. Die Typologie soll lediglich eine Orientierung sein und eine kleine Hilfestellung bei folgenden prinzipiellen Fragen geben, die Sie in Ihrer spezifischen Situation an sich selbst stellen:

Bin ich überhaupt der Typ, der in einer Patchwork-Familie leben kann und will – oder könnte es sein, dass mich diese Situation überfordert, und ich das, was ich anderen und mir selbst verspreche, nicht halten kann? – und:

Habe ich mir wirklich eingehend Gedanken über die Situation und die familiäre Konstellation gemacht, die mich erwarten kann?

Hinweis: Nehmen Sie einen Bleistift zur Hand und kreuzen Sie die Ihnen jeweils richtig erscheinende Antwort im Kästchen »Ja« oder »Nein« an. Tun Sie sich selbst den Gefallen und beantworten Sie die Fragen aufrichtig. Nur Sie selbst kennen die richtige Lösung! Hinweise zur Interpretation Ihrer Antworten finden Sie auf den Seiten 32 bis 37.

Fragen

1 Würden Sie von sich selbst behaupten, dass Sie sich in einer inneren Balance befinden und mit sich selbst im Reinen sind? Das heißt: Können Sie zu Ihren Stärken und Schwächen, zu Ihren Vorzügen und Fehlern – und zum Eigenbild, das Sie von Ihrer Vergangenheit haben – stehen?

2 Haben Sie Probleme und Umstände, die Sie in der Vergangenheit belastet haben, wie beispielsweise schmerzhafte Trennungssituationen, heute im Griff und fühlen Sie sich reif für einen wirklichen Neuanfang?

3 Würden Sie sich selbst eher als einen rationalen, bedächtigen und nachdenklichen Menschen beschreiben, der die Umstände einer Situation genau prüft und abwägt, bevor er Entscheidungen trifft?

4 Oder neigen Sie eher zu emotionalen, impulsiven und spontanen Handlungen und stürzen sich Hals über Kopf in neue Lebenssituationen (Beziehungen, Freundschaften)?

5 *Sind Sie ein dominanter Typ, der viel von seinen nächsten Mitmenschen (ein)fordert und der präzise Vorstellungen davon hat, wie sich die Anderen verhalten sollen?*

6 *Oder sehen Sie sich als Mensch, der in der Regel lieber abwartet, wie sich die Dinge entwickeln und die Anderen erst einmal »kommen« lässt?*

7 *Betrachten Sie sich selbst als einen toleranten Zeitgenossen, der bei der Frage nach Werten, Normen und Regeln nach dem Motto verfährt: »Leben und leben lassen«? Achtung: Toleranz heißt nicht »Alles mit sich machen lassen«, sondern bedeutet in diesem Zusammenhang: nicht immer alles selbst bestimmen müssen.*

8 *Oder würden Sie sich selbst eher als weniger tolerant im Umgang mit anderen Menschen beschreiben? D. h.: Tun Sie sich schwer damit, andere Ansichten und Verhaltensweisen zu akzeptieren und damit umzugehen?*

9 *Sehen Sie sich als neugierigen und offenen Menschen, den andere Lebensumstände und -muster, andere Ansichten und Werthaltungen interessieren?*

10 *Oder sind Sie eher ein Typ, der in seiner eigenen Welt lebt und sich selbst genug ist?*

11 *Würden Sie sich selbst als einen belastbaren Menschen beschreiben, den so leicht nichts aus der Ruhe bringt?*

12 *Oder sehen Sie sich eher als nervös, leicht reizbar und ruhebedürftig?*

13 *Sind Sie ein Typ, der sich nach einer harmonischen und liebevollen Beziehung zu einem Menschen sehnt und der darin seine Erfüllung sucht?*

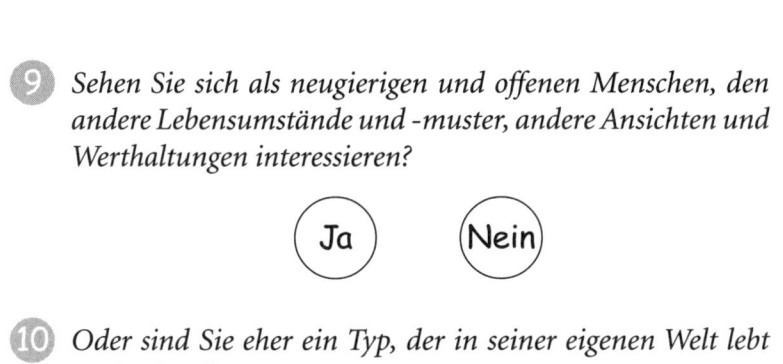

14 *Oder sehen Sie sich eher als einen Menschen, der eine Beziehung eingeht, weil er alleine nicht gut zurechtkommt?*

15 *Betrachten Sie sich als einen Menschen, der gerne für Andere Verantwortung übernimmt und sich, nachdem er die Vor- und Nachteile einer Entscheidung reiflich erwogen hat, sich an diese Entscheidung gebunden fühlt?*

16 *Haben Sie darüber nachgedacht, dass Sie Ihren neuen Lebenspartner nicht für sich alleine haben und mit ihm/ihr in einer Konstellation zusammenleben, in der Sie auch mit seinen/ihren Kindern zurechtkommen müssen?*

17 *Haben Sie sich damit auseinandergesetzt, dass Sie in einer Patchwork-Familie nicht nur mit einem (neuen) Lebenspartner, sondern eventuell auch mit seinen kompletten früheren familiären Beziehungen und verwandtschaftlichen Konstellationen (Ex-Partner, Großeltern, Geschwister) umgehen müssen?*

18 *Haben Sie darüber nachgedacht, dass die Kinder Ihres (neuen) Lebenspartners möglicherweise hohe Erwartungen an Sie haben und Forderungen an Ihre Rolle als Elternteil stellen?*

Ja   Nein

19 *Haben Sie daran gedacht (und dies eventuell bereits besprochen), dass Ihre eigenen Kinder eifersüchtig und schwierig auf die Kinder Ihres Partners reagieren könnten?*

Ja   Nein

20 *Haben Sie gegebenenfalls bereits die Modalitäten des Umgangs Ihres früheren Partners als Elternteil Ihrer leiblichen Kinder mit Ihren Kindern geregelt?*

Ja   Nein

21 *Können Sie sich vorstellen, gemeinsam mit Ihrem neuen Lebenspartner alt zu werden?*

Ja   Nein

22 *Haben Sie Ihre finanzielle Gesamtsituation geklärt und wissen Sie, was Sie leisten können und was nicht?*

Ja   Nein

Antworten

Sie haben bemerkt, dass Sie die 22 Fragen in drei Gruppen aufteilen können. Die erste Gruppe, die Fragen 1 und 2, beleuchten Ihre psychologische und emotionale Situation in Bezug auf die Bewältigung der Vergangenheit. Die Fragen 3 bis einschließlich 15 betreffen die Ausprägungen Ihrer Persönlichkeit und die dritte Gruppe, die Fragen 16 bis 22, zielen auf Ihre mentale Vorbereitung auf die Situation, die Sie in einer Patchwork-Familie erwarten kann.

Die Haltung zu Ihrer Vergangenheit

Wie schon ausgeführt, spielt die individuelle Vergangenheit im Leben eines Menschen eine bedeutende Rolle. Dies gilt nicht nur in dem Zusammenhang, dass jeder Mensch (auch wenn das nicht immer offensichtlich ist) aus seiner Vergangenheit lernt, Schlüsse zieht, Verhaltensmuster und Handlungsweisen gegebenenfalls korrigiert und neue oder abgewandelte Strategien entwickelt, um mit seiner Umwelt besser zurechtzukommen und auf andere Menschen und Umstände zu reagieren, sondern auch prinzipiell. Und im Besonderen gilt dies für zwischenmenschliche (Liebes-)Beziehungen, die jeweils einen Abschnitt in unserem Leben markieren. Dabei gibt es offensichtlich Lebensabschnitte, an die wir uns gerne erinnern, und andere, die wir lieber im Dunkel der Vergangenheit (selbst-)vergessen machen wollen – etwa, weil wir das damalige Verhalten des Partners oder auch die eigene Handlungsweise nicht verstehen, nicht nachvollziehen oder aufgrund eigener Werthaltungen nicht akzeptieren können. Solche Lebensabschnitte können es schwer machen, neue Beziehungen offen und unbeschwert einzugehen. Negative Erfahrungen können blockieren, verunsichern, Ängste verursachen und dazu führen, die eigene Persönlichkeit und die eigene Wirkung auf Andere ständig zu hinterfragen. Deshalb sollten Sie, bevor Sie eine so weitreichende und komplexe Entscheidung treffen, die nicht nur Ihr eigenes, sondern auch das Leben Ihrer Kinder, Ihres/r Partners/in und seiner/ihrer Kinder betrifft, Ihre »Hausaufgaben« erledigt haben. Dies ist besonders dann wichtig, wenn Sie Ihre letzte Beziehung und/oder die Trennungsphase als problematisch empfanden und Sie sich eventuell in einer Übergangssituation befinden, in der Sie sich von Ihrem früheren Partner noch nicht richtig gelöst haben, sich aber zugleich in einer neuen (Liebes-) Beziehung finden. Sie müssen bedenken, dass Sie »mit Gepäck« anreisen und sich Probleme aus einem früheren Leben nicht von alleine und in der Regel auch nicht mit Hilfe einer neuen Beziehungskonstellation lösen lassen. Dies gilt selbstverständlich auch für alle »technischen« Schwierigkeiten mit Ihrem früheren Partner, die finanzielle Streitigkeiten und vieles mehr betreffen können.

Ein jeweils klares »Ja« auf die ersten beiden Fragen des Katalogs würde Ihnen deshalb die Sicherheit verleihen, dass Sie mit aller Kraft in eine neue Zukunft starten können.

Ihre Persönlichkeit

Die Fragen 3 bis einschließlich 15 beziehen sich auf charakterliche Eigenschaften. Jeweils zwei Fragen in direkter Folge zusammengenommen (3 und 4 bis 13 und 14) bilden ein Gegensatzpaar, das die Ausprägung einer Anlage eher in die eine oder andere Richtung beschreibt. Frage 15 steht für sich alleine. Noch einmal: Das ist kein psychologischer Test; Ihre Antworten auf die Fragen werden nicht als »positiv« oder »negativ« gewertet. Wir wollen Sie lediglich zu einer kurzen Reflexion über Ihre eigene, ganz persönliche, Ausgangslage bewegen.
Natürlich hegen wir bei dieser Gruppe von Fragen Hintergedanken, die sich auf die ganz spezifische Situation einer Patch-

work-Familie beziehen. Im Verlauf der weiteren Kapitel dieses Buches werden Sie anhand vieler allgemeiner und persönlicher Beispiele feststellen, dass die an dieser Stelle abgefragten individuellen charakterlichen Ausprägungen eine entscheidende Rolle bei der Bewältigung von Konflikten spielen. Gehen wir zunächst jedoch Ihre Antworten der Reihe nach durch.

Fragen 3 und 4: Sie werden in der Konstellation einer Patchwork-Familie mit Situationen konfrontiert, die ein möglichst rationales Herangehen an bestimmte Probleme unbedingt erforderlich macht, wenn Sie wollen, dass Ihre neue Form des Zusammenlebens gelingt. Vereinbarungen mit früheren Lebenspartnern über das Besuchsrecht der Kinder zum Beispiel können Sie emotional belasten, aus Sicht der Kinder jedoch, und insofern »rational« betrachtet, sind sie unbedingt erforderlich.

Fragen 5 und 6: Da eine Patchwork-Familie keine Kern- oder Ursprungsfamilie ist, in der die Rollen aller Familienmitglieder gewachsen, quasi naturgegeben verteilt und definiert sind, müssen alle Beteiligten im Einklang mit allen anderen ihre Rollen neu finden und bestimmen. Dazu bedarf es der Fähigkeit, sich auch einmal zurückzunehmen und nicht einer Grundeinstellung nach dem Motto: »Ich bestimme und alles tanzt nach meiner Pfeife.« Besonders bei Fragen der Erziehung nicht leiblicher Kinder sind Vortasten und Einfühlungsvermögen erforderlich und nicht die Durchsetzung eigener als richtig erkannter Ansichten und Einstellungen.

Fragen 7 und 8: In einer Patchwork-Familie sollen zwei Familienstränge mit unterschiedlichen Traditionen, Werthaltungen, Einstellungen und Erfahrungen zusammenwachsen. In beiden Familiensträngen hat das jeweilige Elternpaar zumeist unterschiedlich auf Verhaltensmuster und Ansprüche seiner Kinder reagiert und entsprechende Erfahrungen gesammelt. Jetzt müssen auch die Eltern wieder lernen: den Umgang mit Kindern in einer veränderten Situation und in einem völlig neuen Beziehungsgeflecht. Dazu bedarf es Toleranz – gegenüber anderen Werten und Reaktionen.

Fragen 9 und 10: Neugier und Offenheit, das Interesse an anderen Menschen, an ihrer Geschichte und an ihrem Wesen, erleichtern das Zusammenwachsen der Patchwork-Familie. Wer eine Familie dieser Konstellation gründet, muss wissen, dass viel Neues auf ihn zukommen wird und täglich neue und andere Erfahrungen auf ihn warten. Häufig leben Kinder verschiedener Altersstufen in der Familie, die die Erwachsenen mit ihren unterschiedlichen Problemen, Erwartungen und Wünschen konfrontieren. Das sind Lebens- und Erfahrungschancen, denen man sich nicht verweigern kann, sondern die man annehmen sollte.

Fragen 11 und 12: »Ruhe« ist ein Begriff, der in einer lebendigen und gut funktionierenden Patchwork-Familie vielleicht mit dem Begriff »Frieden« übersetzt werden kann – jedoch nicht mit der Bedeutung »Stille«. Kinder verschiedener Altersstufen, ihr Kontakt mit den leiblichen Elternteilen außerhalb der Familie und der damit verbundene Organisationsaufwand sowie das Hereinwirken verschiedener Familiengeschichten und -traditionen in die Patchwork-Konstellation bringen alles andere als Beschaulichkeit. Auf die Notwendigkeit einer gewissen Stressresistenz und emotionalen Belastbarkeit sollte man sich deshalb einstellen.

Fragen 13 und 14: Es sollte klar sein, dass die Voraussetzungen für eine Partnerbeziehung in einer Patchwork-Familie grundlegend andere sind als in einer früheren Lebensphase, in der sich zwei Menschen finden und Schritt für Schritt ihre Beziehung entwickeln. Einer harmonischen Liebesbeziehung steht auch in einer Patchwork-Familie nichts entgegen, sie ist im Gegenteil eine der wesentlichsten Voraussetzungen für das Gelingen dieser Form des Zusammenlebens. Allerdings könnte es ein Risiko sein, lediglich die Entwicklung der individuellen Beziehung im Auge zu haben, da die Lebensumstände des Partners zumeist komplexer sind und er/sie häufig Kinder und Geschichte mit in die Beziehung bringt.

Frage 15: Ihr Verantwortungsgefühl für das Wohlergehen anderer Menschen ist in einer Patchwork-Familie besonders gefordert. Falls die leiblichen Kinder des Partners in der Familie leben oder zu Besuch kommen, stellen sich diese, wie auch Ihre eigenen Kinder, nach und nach auf die neue Situation ein und gewöhnen sich an Sie. Deshalb sollte man sich, bevor der Schritt zur Gründung einer neuen Familie unternommen wird, unbedingt die Konsequenzen einer eventuellen erneuten Trennung und deren Bedeutung für Kinder vor Augen führen.

Ihre mentale Vorbereitung

Die Fragen 16 bis einschließlich 22 betreffen zusätzliche Überlegungen, die Sie vor der Gründung einer Patchwork-Familie anstellen sollten. Wir haben sie aufgrund der Erfahrungen von Patchworkern mit häufigen Konflikten und Problemstellungen formuliert.

Frage 16: Es ist normal, dass Menschen häufig Probleme damit haben, sich eine Situation konkret vorzustellen. »Wenn ich das gewusst hätte« … lautet daher so manche Äußerung, nach der die Situation eingetreten ist. Machen Sie sich rechtzeitig vor der Gründung einer Patchwork-Familie deshalb wirklich klar, dass Sie mit Ihrem Lebenspartner in dieser Konstellation nicht in trauter Zweisamkeit leben, sondern gegebenenfalls auch seine Kinder, immer oder zu festgelegten Zeiten, in ihrem gemeinsamen Haushalt leben. Probieren Sie, wenn möglich, zuvor mehrere Male aus (an Wochenenden oder Freizeiten), wie Sie persönlich mit dieser Situation zurechtkommen.

Frage 17: Wenn Kinder Ihres Partners in Ihrem gemeinsamen Haushalt leben, werden Sie eventuell auch mit dem Beziehungsgeflecht seines Familienstrangs konfrontiert. Leibliche Großeltern, der/die Ex-Partner/in kommen zu Besuch oder holen die Kinder ab, Freunde und andere Verwandte. Klären Sie mit sich selbst, ob Ihnen das eventuell Probleme bereiten könnte.

Frage 18: In einer stabilen Patchwork-Familie mit Kindern zweier unterschiedlicher Familienstränge werden Sie zumeist auch mit Fragen der Erziehung der nicht leiblichen Kinder konfrontiert. Selbstverständlich kommt diese Aufgabe nicht von heute auf morgen auf Sie zu. Klar sein sollte jedoch, dass Sie Ihre Rolle als »Stief«, in welcher Form auch immer, finden und definieren müssen. Alleine durch Ihre Präsenz wecken Sie Erwartungen bei den Kindern.

Frage 19: Deshalb ist es von Vorteil, beizeiten mit den eigenen leiblichen Kindern zu sprechen, um Ängste und Befürchtungen auszuräumen.

Frage 20: Die Regelung des Verhältnisses eines leiblichen Elternteils außerhalb der Familie mit den leiblichen Kindern und eine möglichst einvernehmliche Verständigung über die Besuchszeiten sind von großer Bedeutung für die Stabilität und das Wohlergehen der Kinder und für das Gelingen der Patchwork-Familie. Dies sollte möglichst zu einem sehr frühen Zeitpunkt geschehen.

Frage 21: Gewiss, das und alles andere ist Ihre ganz persönliche Angelegenheit. Prüfen Sie Ihre Einstellung zu Ihrer neuen Partnerbeziehung aber sehr genau. Nicht nur Ihr eigenes Lebensglück und das Ihres Partners, auch das von Kindern hängt davon ab.

Frage 22: Auch die Klärung der finanziellen Voraussetzungen und Ihrer Möglichkeiten sollten Sie vor der Gründung einer Patchwork-Familie erledigen. Was können Sie zur Finanzierung des gemeinsamen Haushalts beitragen? Wie frei sind Sie bei der Erfüllung materieller Ansprüche Ihrer leiblichen und eventuell Ihrer nicht leiblichen Kinder?

Fazit oder: Was wir Ihnen raten möchten

Pflegen Sie nicht die Kriegsschauplätze der Vergangenheit. Machen Sie Frieden mit der Vergangenheit. Versuchen Sie eventuell sogar, Menschen, die Ihnen etwas angetan haben, zu verzeihen. Die Bilder der Vergangenheit können ein ganzes Leben lang belasten. Machen Sie sich möglichst frei davon.

Zum Aufbau einer langfristigen Partnerschaft gehört nicht nur die Emotion. Vielmehr ist auch ein rationales Herangehen an Konflikte und Probleme gefragt – gerade in einer Patchwork-Familie, in der unterschiedliche Familienstränge miteinander verbunden werden. Lassen Sie nicht nur das Gefühl, sondern auch den Verstand sprechen!

Erwarten Sie zu Beginn der Gründung Ihrer neuen Familie keinesfalls, dass von vornherein alles perfekt ist. Setzen Sie sich nicht unter einen zu hohen Erwartungsdruck, der zwangsläufig zu Enttäuschungen führen muss. Planen Sie lieber kleine Fortschritte ein und freuen sich über ein wachsendes Verständnis unter den Familienmitgliedern.

Versuchen Sie nicht, vorgefertigte Meinungen, eventuell aus früheren Beziehungen und familiären Konstellationen auf Ihre neue Familie zu übertragen. Jeder hat ein Recht auf einen neuen Anfang.

Unterschätzen Sie nicht, dass sich Probleme nur mit Kommunikation lösen lassen. Nur wer miteinander redet, kann Konflikte bewältigen.

Psychologie des Alltags

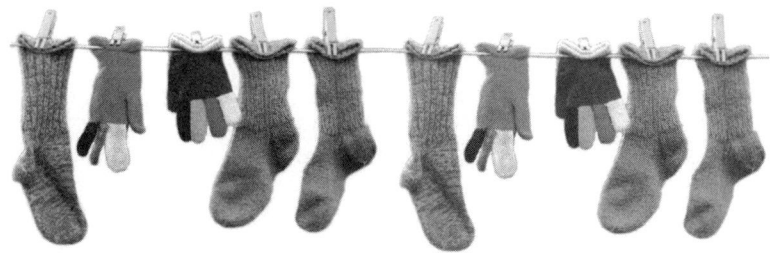

Was Sie von Beginn an richtig machen sollten

Die Gründung einer Patchwork-Familie ist etwas anderes als die Gründung einer eigenen »Normal«-Familie. Dies bestätigen alle Menschen, die in einer solchen Situation leben und ihre Erfahrungen gesammelt haben. Besonders wichtig ist es deshalb, sich die Chancen und Vorteile einer derartigen familialen Konstellation, aber auch ihre Risiken und gegebenenfalls möglichen Nachteile sehr bewusst zu machen. Wie gesagt: Nicht nur zwei erwachsene Menschen, die in aller Regel leichter als Kinder mit einer Trennung und dem damit einhergehenden Schmerz und den daraus folgenden Problemen fertig werden können, hängen an dieser Entscheidung, sondern eben auch Kinder – eigene und fremde Kinder, also Menschen, die auf Sie, Ihr Verständnis, Ihr Einfühlungsvermögen und Ihren Schutz angewiesen sind und die sich die neuen Lebensumstände nicht ausgesucht haben! Vor der Gründung und offiziellen Institutionalisierung dieser Familienform ist ein konzentriertes Innehalten und Nachdenken der daran beteiligten Erwachsenen deshalb unbedingt erforderlich.

Von allergrößter Bedeutung für Ihr künftiges Verhältnis zu Ihren eigenen und den nicht leiblichen Kindern ist, dass Sie gerade in der Anfangsphase Ihrer Patchwork-Familie das Folgende berücksichtigen:

Zehn goldene Regeln

1. Alle Beteiligten müssen die Trennung der leiblichen Eltern von ihren Kindern (bzw. eines Elternteils) bewältigen und akzeptieren.
2. »Die Zeit heilt Wunden«, heißt es: Gerade zu Beginn der Patchwork-Konstellation ist es sehr wichtig, allen Beteiligten (besonders den Kindern!) Zeit zu gewähren. Die Kinder sollen langsam und behutsam in den Prozess der gegenseitigen Gewöhnung einbezogen werden und alle Beteiligten müssen sich gründlich kennenlernen. Nichts kann und darf deshalb übers Knie gebrochen werden.
3. Auch bei bestem Willen und bei der größten Anstrengung wird die Beziehung eines leiblichen Elternteils zu seinen eigenen Kindern immer eine andere sein und bleiben als die Beziehung zu den »angeheirateten« Kindern. Die Erwachsenen müssen diese spezielle Bindung gegenseitig respektieren und in ihrer Bedeutsamkeit für den jeweils anderen Erwachsenen und seine Kinder unbedingt akzeptieren. Eifersucht und Unverständnis auf Seiten der Erwachsenen führt zwangsläufig dazu, dass sich die Verhältnisse nicht annähern und stabilisieren, sondern auseinanderentwickeln.
4. Beide Elternteile dürften keinesfalls erwarten, dass sie von den Kindern des jeweils anderen spontan und rückhaltlos geliebt werden. Zuneigung und Liebe müssen wachsen, und das braucht Zeit.

5. Je intensiver die beteiligten Kinder spüren, dass die Beziehung der Patchwork-Eltern (mit jeweils einem neuen und nicht leiblichen Elternteil) zueinander harmonisch, liebevoll und stabil ist, desto eher werden sie die neue Form des Zusammenlebens akzeptieren und sich darin wohlfühlen.

6. Erziehen in dem Sinne, dass Normen, Regeln und Werthaltungen vermittelt und dass Ver- und Gebote ausgesprochen werden, darf ein Elternteil die jeweils fremden Kinder erst dann, wenn sich über die Zeit ein Verhältnis entwickelt hat, das von Vertrauen und Zuneigung geprägt ist.

7. Zwischen einem (neuen) Elternteil und den jeweils nicht leiblichen Kindern ist Höflichkeit und Respekt vom ersten Tag an Pflicht.

8. Jedes Familienmitglied hat das Recht, an der Gestaltung der neuen Familie mitzuwirken. Daher muss eine Kommunikationskultur des offenen Miteinander-Redens, des Verhandelns und der Kompromissfindung entwickelt werden.

9. Andererseits müssen die Patchwork-Eltern miteinander an einem Strang ziehen. Ein gegenseitiges Ausspielen durch die Kinder ist genauso wenig akzeptabel wie ein ständiges Revidieren gemeinsam als richtig anerkannter Entscheidungen.

10. Die Patchwork-Eltern sollten zu einem frühen Zeitpunkt versuchen, die gesamte Familie zu einem gemeinsamen Committment zu bewegen, d. h. Regeln des Zusammenlebens (vgl. S. 46) zu formulieren, die Kommunikation und Verständigung einen Rahmen geben.

Diese zehn goldenen Regeln bei der Gründung einer Patchwork-Familie gelten prinzipiell. Der Verlauf der Gründungsphase ist, wie viele Einzelfälle zeigen, jedoch im Besonderen von der jeweiligen Entwicklungsstufe der Kinder abhängig. Natürlich reagieren gleichaltrige Kinder nicht immer gleich, sondern gemäß ihren persönlichen Veranlagungen und nach ihren bisherigen Sozialisationserfahrungen. Gleichwohl lassen sich grobe Unterschiede nach Entwicklungsstufen differenzieren.

Die fünf großen Entwicklungsstadien der Kinder[5]

Säuglinge und Kleinstkinder: Für Kinder dieser Entwicklungsstufe ist ihre Bindung an die bisherige Hauptbezugsperson (im Regelfall die Mutter) von entscheidender Bedeutung. Bleibt die Hauptbezugsperson auch in einer neuen familialen Konstellation erhalten, ist die Trennung von der zweitwichtigsten Bezugsperson (der andere leibliche Elternteil) zumeist leichter zu verkraften.

Kinder unter zwei Jahren: Auch dieses Alter erlaubt noch eine relativ schnelle und meist reibungslose Gewöhnung an eine neue Konstellation, in der auch ein neuer, behutsam und verständnisvoll vorgehender Elternteil meist ohne große Probleme die Zuneigung und das Vertrauen des Kindes gewinnen kann.

Kindergarten- und Vorschulkinder: Hier ergeben sich oft automatisch Probleme bei der Akklimatisierung in der neuen Konstellation. Kinder dieses Alters empfinden eine Trennung von einer leiblichen Bezugsperson meist als harten Schicksalsschlag und beziehen die Trennung ihrer leiblichen Eltern häufig auf die eigene Person; sie glauben durch eigenes Verschulden am Verlust eines Elternteils »schuld« zu sein. Nicht selten ist ihr Selbstbewusstsein angeknackst, und sie benötigen unbedingt

---

5. Vgl. Wilk, Liselotte / Knall, Isabella / Riedler-Singer, Renate / Gschwandtner, Martina: Was zeichnet Stieffamilien aus. Bundesministerium für soziale Sicherheit und Generationen (Hrsg.), Wien 2001.

Zeit, um den Verlust eines Elternteils zu betrauern und zu bewältigen. Schuldgefühle und Trauer lösen manchmal Wut, Aggression und Zorn gegenüber dem »Ersatz«-Vater oder gar der »Ersatz«-Mutter aus. Diese Reaktionen dürfen niemals persönlich genommen werden; sie richten sich in der Regel nicht gegen den neuen Elternteil, sondern gegen die Umstände an sich. Hier bedarf es Zeit – und Geduld!

Kinder zwischen sechs und zwölf Jahren: In dieser Altersgruppe mit rasch aufeinanderfolgenden Entwicklungsstufen vom Einschulungskind bis zum kleinen Erwachsenen, der möglicherweise schon den ersten Pubertätsschub bewältigen muss, ist die Trennung von einem Elternteil und die Gewöhnung an den jeweiligen Nachfolger offensichtlich am schwersten. Auf Sie als Erwachsener kommt in diesem Fall die schwierigste Aufgabe zu: der langsame Aufbau eines Vertrauensverhältnisses zu Ihrem nicht leiblichen Kind. So erleiden viele Kinder dieses Alters schwere Loyalitätskonflikte, sie fühlen sich hin- und hergerissen zwischen dem leiblichen Elternteil, den sie im täglichen Leben verloren haben, und dem neuen Elternteil, mit dem sie nun aufgrund der Entscheidung ihrer leiblichen Mutter oder ihres leiblichen Vaters zusammenleben (müssen). Nicht selten empfinden sie sich als Verräter an ihrem leiblichen Elternteil, von dem sie getrennt wurden, und projizieren Enttäuschung, Wut und Aggression auf den neuen Partner ihres verbliebenen Elternteils. Sie glauben, dass ein zu offenes und liebevolles Verhältnis zu ihrem (Stief-) Vater oder zu ihrer (Stief-) Mutter ihren leiblichen Vater oder die leibliche Mutter kränkt – und dies wird (leider, aber es ist allzu menschlich!) von diesen auch oft genug bestätigt, da sie in ihren Kindern sehr häufig Verbündete gegen den ehemaligen Lebenspartner suchen. Versuchen Sie, sich deshalb immer klarzumachen: Kinder, besonders in dieser Altersgruppe, erleben im wahrsten und ernstesten Sinne dieses Wortes eine Zerreißprobe. Sie werden von ihren Loyalitäten und von ihren Gefühlen buchstäblich zerrissen! Gehen Sie niemals darüber hinweg, sondern versuchen sie die Reaktionen der nicht leiblichen Kinder von ihrer eigenen Person und ihren eigenen Gefühlen zu abstrahieren. Sie können dabei nur gewinnen. Lassen Sie sich und den nicht leiblichen Kindern als neuer Elternteil deshalb viel Zeit, gestatten Sie, solange sie wollen, zu Ihnen Abstand zu halten und sich zurechtzufinden.

Dies gilt besonders für die Übernahme erster Erziehungsaufgaben gegenüber den nicht leiblichen Kindern: Erst das Vertrauen und gegenseitiger Respekt, dann die Erziehung! Und noch ein Hinweis: Versuchen Sie, auch wenn es schwer fällt, niemals schlecht über den Vater bzw. die Mutter ihrer nicht leiblichen Kinder zu sprechen. Lassen Sie Ihren eigenen und Ihren nicht leiblichen Kindern die Chance, sich ein eigenes Bild zu machen. Schlechte Worte kommen von den Kindern wie ein Bumerang zurück, da sie sich selbst angegriffen fühlen (Ausführlich behandelt wird dieser Zusammenhang auf den Seiten 94 und 110ff.).

Kinder im Jugendalter: In diesem Entwicklungsstadium strebt jedes Kind mehr oder weniger stark nach Selbstständigkeit und bildet sich ein eigenes Urteil. Zudem verarbeitet es die Trennung von einem Elternteil zumeist leichter und vor allem »produktiver« als jüngere Kinder. Dies hat Vor- aber auch Nachteile. Ein Vorteil kann zum Beispiel sein, dass ein Kind im Jugendalter die Trennung seiner leiblichen Eltern nicht mehr als eigene Schuld oder eigenes Versagen empfindet und aufgrund seiner geistigen Reife zwar nicht als ein positives aber als unveränderliches Ereignis ansieht, das es akzeptieren muss und aus dem es für sich das Beste machen kann. Nachteilig für den neuen Elternteil kann hingegen sein, dass ein Kind in dieser Entwicklungsstufe nicht ohne weiteres die Autorität des (Stief-) Vaters oder der (Stief-) Mutter akzeptiert. So können sich gerade in der Pubertät große Konfliktpotenziale ergeben.

Drei Entwicklungsstadien der Familie

Im Allgemeinen werden drei Entwicklungsstadien in der Gründungsphase einer Patchwork-Familie beobachtet.

Erstes Stadium: Die Gründung
Hier erwarten häufig alle Beteiligten, dass sich die Konstellation harmonisch und problemlos entwickelt. Auch die Erwachsenen hängen Idealvorstellungen an, die sich nur in den seltensten Fällen so einstellen. Voll guten Willens wollen sie jetzt alles richtig machen und vergessen nicht selten dabei, dass sie die nicht leiblichen Kinder noch nie oder nur selten in alltäglichen Situationen erlebt haben und ebenso wenig Erfahrung dabei haben, wie die nicht leiblichen und die leiblichen Kinder miteinander zurechtkommen und wie das Verhältnis des neuen Elternpaares zueinander durch die Reaktionen der Kinder geprägt wird. Besonders die Rolle der Erwachsenen als (Stief-) Vater und/oder (Stief-) Mutter erscheint in dieser Phase, die meist nur wenige Wochen dauert, oft wenig realistisch.

Zweites Stadium: Die Orientierungsphase
Alle Beteiligten haben relativ schnell gelernt, dass Familienmitglieder auch andere Wüsche, Bedürfnisse und Ansprüche haben, als sie zunächst vermuteten, und dass auch für jedes Familienmitglied selbst Situationen gewöhnungsbedürftig sind. Alle Familienmitglieder lernen mit der Zeit die persönlichen Merkmale und Gewohnheiten ihrer Mitbewohner kennen. Erste Konflikte zeichnen sich ab. Häufig geht es hierbei auch um organisatorische und ganz praktische Angelegenheiten, die am besten durch die Aufstellung einer Hausordnung (vgl. S. 110ff. sowie 122ff.) in den Griff zu bekommen sind. Jedenfalls wächst die Erkenntnis, dass diese Form des Zusammenlebens etwas Neues ist und nicht etwa die Fortsetzung oder Neuauflage der Familie, in der man bisher gelebt hat. Die Orientierungsphase nach

der Gründung der Patchwork-Familie kann, je nach Temperament und dem Grad der Verschiedenheit der Charaktere, einige Wochen oder Monate dauern.

Drittes Stadium: Die Konfliktbewältigungsphase
Jetzt werden die Trennlinien zwischen den Familienmitgliedern aber auch die Chancen für eine neue Familienkultur klar ersichtlich. Die Elternteile und ihre jeweils leiblichen Kinder haben ihre natürliche Verbundenheit in der neuen Situation erneuert und nicht selten intensiviert. Die Rolle des neuen und nicht leiblichen Elternteils in der Patchwork-Familie hat entscheidenden Einfluss auf die Art der Kommunikation. Alle Familienmitglieder entwickeln in der Regel ein Zusammengehörigkeitsgefühl, das über Zufälligkeiten weit hinausgeht. Die Kinder legen den emotionalen Grundstein für den Grad der Akzeptanz ihrem (Stief-) Vater oder ihrer (Stief-) Mutter gegenüber, die Basis des Vertrauens wächst und bei einem positiven Verlauf der gegenseitigen Annäherung können Kinder auch wieder Unbeschwertheit empfinden.

Stellen Sie Regeln
des Zusammenlebens auf

Wer der so genannten »68er Generation« angehört oder von Eltern und Lehrern dieser Generation erzogen wurde, weiß nur zu gut, dass sie große Probleme mit dem Begriff der »Autorität« hatte. »Autorität«? Nein, danke! Dieser Begriff stand unter dem Generalverdacht der Einflussnahme und Manipulation, Assoziationen wie Obrigkeit, Herrschaft, Willkür und brutale Machtausübung schwangen mit. Eine als »autoritär« gebrandmarkte Erziehung musste bei den Menschen, die sie über sich ergehen lassen mussten, zwangsläufig zu seelischen Missbildungen und schweren Verhaltensstörungen führen. Autorität in der Erziehung: Das war die Wurzel allen späteren Übels.

Heute wissen wir, dass sich das Pendel, das bei den 68ern ganz gehörig nach »links« ausgeschlagen war, am besten zur Mitte bewegen sollte. Ein Zuviel an erzieherischer Autorität, das zu wenig Raum für die individuelle Entfaltung der uns anvertrauten Kinder ermöglicht, ist ebenso schlecht wie ein Zuwenig, das den Kindern keine Grenzen aufzeigt und keine Orientierung an Werten wie Mitgefühl, Herzensbildung, gegenseitige Rücksichtnahme, Füreinander-Einstehen und soziale Verantwortung vermittelt. Natürlich unterscheidet sich jede familiäre Situation von der anderen, sie wird schon alleine durch völlig unterschiedliche Charaktere der Familienmitglieder geprägt. Trotzdem sind Regeln, die am besten gemeinsam aufgestellt werden und im Sinne eines Committments, einer gemeinsam formulierten Einverständnisverklärung, als allgemein verbindlich erklärt werden, geradezu lebenswichtig. Dazu bedarf es der Autorität der Erwachsenen. Dabei steht selbstverständlich nicht die Drohung mit Sanktionen und Strafen im Falle eines Regelverstoßes im Mittelpunkt, sondern ganz im Gegenteil die Vermeidung von Sanktionen bereits im Vorfeld einer kritischen Situation durch das allgemeine und verbindliche Einverstanden-Sein mit diesen Regeln.

Regeln werden zumeist jedoch nur dann eingehalten und »gelebt«, wenn sie verstanden und nachvollzogen werden können. Dazu sollten Sie sich bemühen, Ihre neue Lebenssituation mit den Augen der Kinder zu sehen. Machen Sie sich deshalb zunächst selbst die Komplexität Ihrer familiären Konstruktion deutlich und berücksichtigen Sie, dass Sie den Kindern dabei helfen müssen, die Loyalitäten und Beziehungen der miteinander in Verbindung stehenden Personen erfassen und begreifen zu können. Sonst könnte sich schnell ein Gefühl der Überforderung und der Undurchschaubarkeit einstellen.

Wie groß die Bedeutung dieser Erklärung ist, zeigt ein so genanntes Beziehungsschema einer Patchwork-Familie. Dieses Schema macht die vielfältigen Verflechtungen der Familienmitglieder in ihrem Großverband deutlich. Sie erinnern sich an unsere Patchwork-Familie Berger-Matussek (vgl. S. 14f.). Diese Nachfolge-Familie ging aus der »Fusion« der Vorläufer-Familien Müller und Berger hervor (Abb. 1, S. 50). Richtig! Das ist relativ einfach. Jetzt sehen Sie sich aber einmal Abb. 2 (S. 51) an, es wird schnell sehr komplex: Denn in diesem Schema haben wir auch die Eltern-Beziehungen der beiden Hauptakteure in unserer Patchwork-Familie, Tom und Sabine Berger sowie ihre Ex-Partner und deren Eltern-Beziehungen dargestellt. Warum? Ganz einfach, Sie müssen es mit den Augen der Kinder sehen: Für die vier Kinder der Patchwork-Familie existieren ja nicht nur ihre jeweils leiblichen und nicht leiblichen Elternteile Tom und Sabine, sondern auch deren Ex-Partner Lea (die leibliche Mutter von Luca) und Karl (der leibliche Vater von Barbara und Mark). Beide halten im Rahmen ihrer Möglichkeiten den Kontakt zu den Kindern und holen sie an manchen Wochenenden sowie im Urlaub und in den Schulferien ab, um gemeinsam etwas zu unternehmen. Einzig Stefan Berger hat keine komplizierte Eltern-Beziehung, da Tom und Sabine Berger seine leiblichen Eltern sind.

Darüber hinaus, und jetzt wird es noch eine Stufe komplexer, sind aus der Sicht der Kinder auch die verwandtschaftlichen Beziehungen zu den jeweiligen Großeltern von nicht zu unterschätzender Bedeutung. Alle vier Großelternpaare leben noch und spielen nach wie vor eine, zeitlich zwar eingeschränkte, aber doch präsente, Rolle im Leben der Kinder. Bildet man aus Sicht der Kinder jeweils die Summe der verwandtschaftlichen Beziehungen in diesem Netzwerk (jeweils mit einer Linie dargestellt), so ergeben sich für die Kinder Luca und Stefan sechs verwandtschaftliche Beziehungen ersten Grades – zu ihren jeweils leiblichen Eltern und jeweils zwei Großelternpaaren. Für Barbara und Mark, da sie direkte Geschwister sind, zählen wir jeweils sieben verwandtschaftliche Beziehungen ersten Grades. Innerhalb der Haushaltsgemeinschaft Tom und Sabine Berger mit insgesamt sechs Personen, um diesen technischen Ausdruck zu verwenden, gibt es »nur« 30 wechselseitige Beziehungen: Jede Person hat mit jeweils fünf weiteren Familienmitgliedern eine Beziehung. Rechnet man jedoch die Ex-Partner der Eltern sowie die Großelternpaare hinzu, ergibt sich bei dann insgesamt 16 Personen im Familienbezug bereits die unvorstellbare Summe von 240 (!) individuellen Beziehungen: Jede Person steht durch die Gründung der Patchwork-Familie zu jeweils 15 weiteren Personen in Beziehung (durch Verwandtschaft ersten und zweiten Grades oder Bekanntschaft). Das gilt natürlich auch für jedes Kind, das ebenso (wenn in manchen Fällen auch nur vom »Hörensagen«) zu jeweils 15 Personen in Beziehung steht. Was bei unserer kleinen schematischen Übersicht übrigens noch nicht berücksichtigt wurde, sind die Geschwister der Eltern, also die Onkel und Tanten der Patchwork-Kinder sowie deren Neffen und Nichten.

Keine Frage: Für Kinder ist es sehr wichtig, den eigenen Platz in diesem Gewirr von Abstammungsverhältnissen und Beziehungen zu kennen und zu verstehen! Von ebenso großer Bedeutung sind die damit in Zusammenhang stehenden Regeln des Zusammenlebens (vgl. S. 50f.).

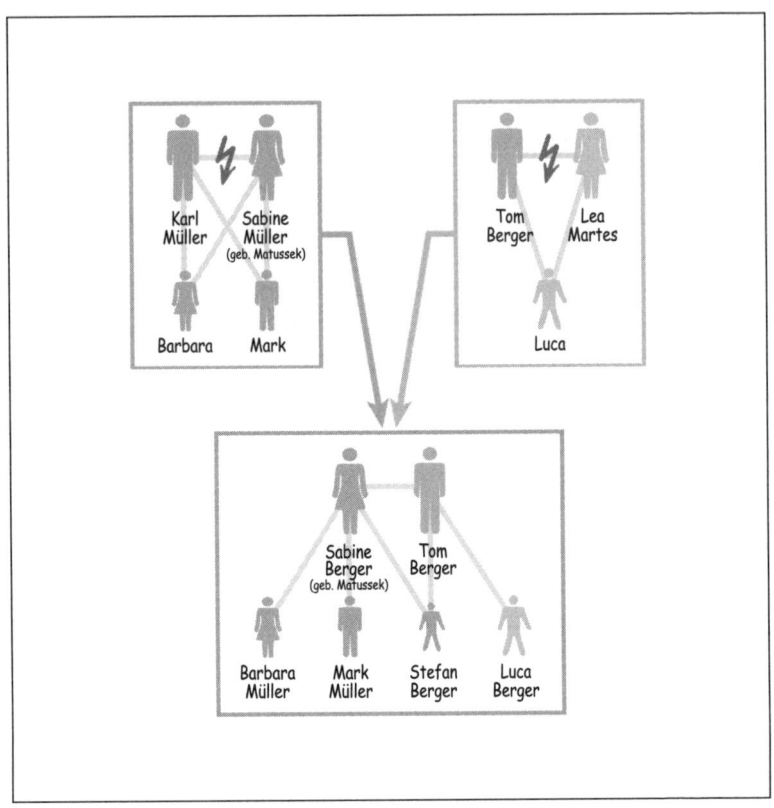

Abbildung 1

Regeln des Zusammenlebens

Die Basis für jede Form des Zusammenlebens ist Kommunikation. Durch Kommunikation entstehen Verständnis, Nähe und Vertrauen. Signalisieren Sie Ihre Gesprächsbereitschaft auch in schwierigen Situationen, sprechen Sie über alles, was Sie und andere bewegt, über Ihre Ziele und Wünsche und geben Sie auch anderen Familienmitgliedern die Möglichkeit dazu.

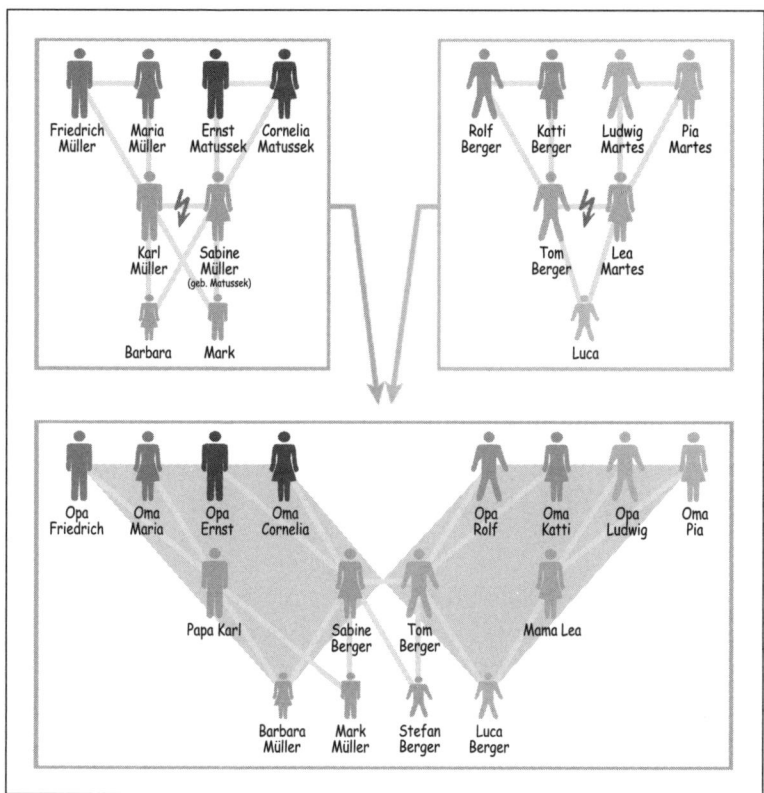

Abbildung 2

Zeigen Sie Ihre Zuneigung und lassen Sie andere Ihre Zuneigung spüren.

Jede Person in der Familie ist ebenso wichtig wie die andere. Dazu gehören die jeweiligen Angehörigen und persönlichen Beziehungen.

Jedes Familienmitglied hat eigene Bedürfnisse, Gewohnheiten und Verhaltensmuster, die von allen anderen geachtet werden sollten, sofern sie nicht den Zusammenhalt aller gefährden.

Höflichkeit und Respekt im Umgang miteinander ist ein Gebot, das immer eingehalten werden sollte.

Das Zusammenwachsen von zwei Familiensträngen benötigt Zeit. Jeder Person in der neuen Familie sollte so viel Zeit gegeben werden, wie sie benötigt, um Nähe und Vertrauen zu den anderen Familienmitgliedern aufzubauen.

Das Leitbild einer Familie ist Zuwendung und Geborgenheit, die nicht nur aus Nähe, sondern auch aus einem Gefühl der freien Entscheidung heraus entstehen. Deshalb muss jedes Familienmitglied außerhalb des Familienverbandes die Möglichkeit haben, uneingeschränkt Personen zu begegnen, denen es begegnen will. Das gilt für Erwachsene ebenso wie für Kinder, die den Kontakt zu ihren leiblichen Eltern aufrechterhalten wollen.

Jeder Mensch muss in seinem Leben Kompromisse schließen, um Ziele zu erreichen und sich weiterzuentwickeln. Dazu gehören Toleranz, Einsichtsvermögen und Rücksichtnahme auf die Wünsche und Bedürfnisse anderer Menschen.

Haben Sie den Mut, Grenzen aufzuzeigen, wenn es erforderlich ist. Kein Familienmitglied hat das Recht, andere dauerhaft zu gängeln oder zu bevormunden.

»Papa« und/oder »Mama« mal zwei

Durch das Ansteigen der Scheidungsrate und die kulturellen Veränderungen in modernen Gesellschaften gibt es immer mehr elternreiche Kinder als kinderreiche Eltern. Eine Patchwork-Familie ist die Großfamilie der Gegenwart. Ohne ein vernünftiges Maß an elterlicher Autorität und ohne Regelwerk geht es dabei nicht, auch nicht (und gerade nicht!) in einer Patchwork-Familie. Denn sie hat, so beschreiben es Ingrid Friedl und Regine Maier-Aichen in ihrem Buch »Leben in Stieffamilien«[6], »eine Vielfalt von Alltagsaufgaben und Aktivitäten zu bewältigen. Dazu gehören die Regelung des alltäglichen Ablaufs und außergewöhnlicher Ereignisse, die Aufteilung von Zeit und Raum, die Vermittlung von Sicherheit und Geborgenheit, die Herstellung von Gemeinsamkeit, der Austausch von Gedanken, Gefühlen und Zuwendung, der Umgang mit Konflikten und gegenseitigen Erwartungen, die Teilhabe an Kultur und Öffentlichkeit, Kontakte mit Freunden und Verwandten sowie die instrumentellen Aufgaben der Haushaltsführung, Pflege, Versorgung und Erziehung der Kinder und die Bereitstellung finanzieller Ressourcen«.

Selbstverständlich muss das Gros dieser Aufgaben auch in jeder Normalfamilie erledigt werden und selbstverständlich ist nicht jede »Normalfamilie« auch »normal«, d. h., nicht in jeder Familie mit Eltern und leiblichen Kindern ist es etwa so, dass sich alle Familienmitglieder immer wohl und geborgen fühlen. Da die Struktur in einer solchen Familienform für gewöhnlich jedoch nicht so komplex ist wie in einer Patchwork-Familie, wird die Verpflichtung der Eltern, Sicherheit und Geborgenheit zu vermitteln oder Gemeinsamkeit herzustellen, in der Regel ganz »automatisch« erfüllt. In einer Patchwork-Situation aber, machen wir uns da nichts vor, ist die Vermittlung von Sicherheit und Geborgenheit nichts Selbstverständliches – einfach schon deshalb, weil zwei bislang völlig fremde Familien- und Gruppenkulturen aufeinandertreffen, die von nun an gemeinsame Sache machen und zusammenwachsen sollen. Dazu müssen Beziehungen und Rollen definiert, Leitbilder bestätigt bzw. neu entwickelt und die emotionalen und kulturellen Rituale beider Teilfamilien in Einklang gebracht werden.

6. Vgl. Friedl, Ingrid / Maier-Aichen, Regine: Leben in Stieffamilien – Familiendynamik und Alltagsbewältigung in neuen Familienkonstellationen. In: Otto, Hans-Uwe; Thiersch, Hans (Hrsg.): Edition Soziale Arbeit. Juventa Verlag, Weinheim und München, 1991.

Diese Aufgaben müssen vorwiegend und in aller Regel (falls keine älteren heranwachsenden oder beinahe erwachsene Kinder in der Familie sind) von den Eltern übernommen werden. D. h.: Die Funktionen der Eltern hinsichtlich der Versorgung und Erziehung der Kinder müssen neu definiert werden. Vor allem aber müssen sich die Eltern darüber verständigen, welche Rolle dem Elternteil zukommt, der für die jeweils nicht leiblichen Kinder »neu« ist. Ist dieser neue (in diesem Beispielfall männliche Elternteil) der »neue Papa« (also vollwertiger Ersatz für den nicht mehr vorhandenen leiblichen Vater) oder ist er nur »Papa auf Zeit« (zwischen den Wochenendbesuchen des leiblichen Vaters)? Ist er ein Freund der Kinder, Spielkamerad, ein »netter Kerl«, oder lediglich der Lebensgefährte der leiblichen Mutter, die das halt jetzt so will? Oder ist er etwas von Allem – und sitzt zwischen allen Stühlen?

Wie können diese Regeln in Bezug auf die Mutter- und Vaterrolle(n) des neu zusammengesetzten Elternpaars aussehen?

Beschäftigen wir uns zunächst mit der gemeinsamen Situation des Elternpaars und danach mit ihren Einzelrollen als Mutter und Vater. Eine klare Rollendefinition für dieses Paar gibt es nicht. Es existieren dafür auch keine gesellschaftlichen Regeln, Normen oder Wertvorstellungen. Was in einer »Normalfamilie« normal ist – Vater und Mutter sind für die Versorgung und Erziehung der gemeinsamen Kinder verantwortlich –, gilt in einer Patchwork-Familie eher in den seltensten Fällen. Darin aber besteht das entscheidende strukturelle Risiko in Patchwork-Familien, und viele Erlebnisberichte von Elternpaaren beschreiben die mangelhafte Definition ihrer Rollen oder Schwierigkeiten mit der Ausfüllung der definierten Rolle und die daraus entstehenden Konflikte als zentrales Problem im Zusammenleben der Familie. Kein Wunder, denn das neu zusammengesetzte Elternpaar ist mit widersprüchlichen Anforderungen konfrontiert: Es soll als Elternpaar mit der typischen »normalen«

Rolle als Versorger und Erzieher fungieren, zugleich aber auch nicht, da zumindest ein oder gar zwei leibliche Elternteile außerhalb der neuen Familie existieren. Mit diesem/diesen Elternteil(en) müssen sie die Elternrolle teilen – eine Situation, die für gewöhnlich Konfliktstoff in sich trägt.

Die einzige Lösung in dieser Situation dürfte im Aufbau einer stabilen und harmonischen Paarbeziehung liegen, die allen Familienmitgliedern, besonders den Kindern, vorgelebt wird. Eigentlich ist es selbstverständlich: Nur eine stabile, harmonische, liebevolle und von gegenseitiger Toleranz und Rücksichtnahme geprägte Paarbeziehung ist die Grundlage für eine funktionierende und stabile Familie. Weder die Kinder, noch ein gemeinsam erworbenes und eingerichtetes Haus oder die Sorge um die gemeinschaftlichen finanziellen Ressourcen halten Familien zusammen, die Scheidungs- und Trennungsraten zeigen es allzu deutlich.

Wenn Sie sich für die Gründung einer Patchwork-Familie entschieden haben, gilt dies umso mehr, da Sie die strukturbedingten Probleme sonst kaum in den Griff bekommen dürften. Deshalb müssen Sie sich rechtzeitig, alleine und mit ihrem Partner gemeinsam, darüber klar werden, ob Sie es Ihrer Beziehung zutrauen, die bevorstehenden Probleme gemeinsam schultern und lösen zu können. Ist Ihre Beziehung, die Liebe, die Verbindung zwischen Ihnen und Ihrem Partner wirklich stark genug, allen Schwierigkeiten zu trotzen? Zugegeben: Das hört sich sehr abstrakt an. Prüfen Sie sich und Ihren Partner jedoch wirklich mit aller Ernsthaftigkeit, denn Sie heiraten nicht nur einen neuen Partner, sondern Sie »heiraten eine Familie«!

Die Substanz Ihrer Partnerbeziehung muss intakt sein, denn Ihre künftige Rolle als Partner und Elternteil wird ganz automatisch ausgesprochen komplex sein. Denken Sie an die Situation von Sabine Berger:

- Sabine ist die Ehefrau von Tom und wünscht sich aufgrund der ersten gescheiterten Ehe mit Karl eine intakte und harmonische Paarbeziehung;
- Sabine ist leiblicher Elternteil – die Mutter von Barbara und Mark aus erster Ehe sowie die Mutter von Stefan aus zweiter Ehe;
- Sabine ist die Ex-Frau von Karl Müller, dem leiblichen Vater von Barbara und Mark und handelt mit ihm seine externe Vater-Rolle aus; dabei geht es besonders um Besuchszeiten und seine Teilhabe an der Erziehung seiner leiblichen Kinder;
- Sabine ist Stiefmutter von Luca, von Toms leiblicher Tochter;
- Sabine stellt als weiblicher Elternteil an sich den Anspruch, als Mutter aller vier Kinder in ihrer Patchwork-Familie zu fungieren; ihr Aufgabenbereich umfasst in Anbetracht der Berufstätigkeit Toms die Organisation des Alltags und die Versorgung und Betreuung von Kindern in unterschiedlichen Altersstufen;
- Sabine will als Toms neue Frau in einem möglichst neutralen aber kameradschaftlichen Verhältnis zu Lucas leiblicher Mutter stehen.

Alleine im engeren Binnenverhältnis der Patchwork-Familie Tom und Sabine Berger (ohne die Beziehungen zu den Großeltern und ihren eigenen und Toms Geschwistern zu berücksichtigen) kommen Sabine also sechs verschiedene Rollen zu, die jeweils ausgehandelt und definiert werden müssen. Wie wollte Sabine ohne die Unterstützung und das – manchmal stille, häufig aber auch laut ausgesprochene – Einverständnis von Tom es schaffen, dies alles unter einen Hut zu bekommen? Sie hätte keine Chance. Deshalb ist es von großer Bedeutung, dass sich beide Partner erstens wirklich gut verstehen, sich schätzen und die erforderliche Sensibilität für die Wünsche und Emotionen des jeweils anderen aufbringen, und dass sie zweitens miteinander klare Vereinbarungen hinsichtlich ihrer Rollen, ihrer Aufgaben, ihrer Verantwortung und ihrer Zuständigkeitsbereiche treffen. Diese Vereinbarungen und Definitionen müssen dann in einem zweiten Schritt nach außen kommuniziert werden. Sowohl die Kinder müssen unmissverständlich darüber aufgeklärt werden, wie Tom und Sabine ihre Rollen verstehen, was sie miteinander tun wollen und was der Einzelne jeweils will und darf, als auch die Ex-Partner von Tom und Sabine sollten wissen, wie das neue Elternpaar in der Patchwork-Familie seine Position bestimmt. Kurzum: Das Elternpaar ist das Fundament der Patchwork-Familie. Stimmt es in seinem Binnenverhältnis nicht, bleiben Irritationen, Missverständnisse und Konflikte nicht aus. Selbstverständlich genügt es nicht, dass die Vereinbarungen zwischen den Eltern lediglich getroffen werden: sie müssen gelebt werden, sie müssen sich in problematischen Situationen beweisen, in denen es etwa zwischen nicht leiblichen Geschwistern zu Streit und Auseinandersetzungen kommt. Ebenso müssen sie Anfeindungen, Frustration und Eifersucht standhalten, die von außen in die Familie etwa durch Ex-Partner, Großeltern oder andere Verwandte und Freunde hineingetragen werden. Alle Beteiligten sollten im Idealfall also spüren, dass Tom und Sabine an einem Strick ziehen, dass nichts und niemand sie auseinanderdividieren kann. Das heißt nicht, dass es immer harmonisch zugeht und dass es zwischen den Beiden nicht auch einmal Meinungsverschiedenheiten geben darf: Es kommt aber darauf an, wie sie diese Auseinandersetzungen führen, und es kommt vor allem darauf an, dass sie bei aller Anteilnahme an individuellen Problemen der Kinder und bei allem Verständnis für die Probleme ihrer Ex-Partner möglichst mit einer Stimme sprechen und das gemeinsame Ziel nicht aus den Augen verlieren.

Das kann schwer sein, sehr schwer. Tom und Sabine geraten mit einiger Sicherheit in Situationen, in denen sie Loyalitätskonflikte spüren und sich hin- und hergerissen fühlen zwischen individuellen Interessen ihrer Kinder oder den Ansprüchen der Ex-Partner, wobei das Eine schwieriger zu handhaben sein dürfte als das Andere. Trotzdem: Ohne eine wirklich stabile und von gegenseitiger Offenheit und Toleranz geprägte Paarbeziehung geht es nicht! Was können sie dafür tun, wie sollte es um die Kultur ihrer Beziehung bestellt sein, welche Vereinbarungen sollten getroffen werden?

Zehn Tipps für die Beziehung der Patchwork-Eltern

1. Überlassen Sie *nichts dem Zufall*! Versuchen Sie, für die wichtigsten Aufgaben und Verantwortungsbereiche Vereinbarungen zu treffen, die für beide Partner verbindlich sind. Dabei sollen Sie sich natürlich nicht verkrampfen: Nicht alles kann geregelt, geplant, vorausbestimmt und in geordnete Bahnen gepresst werden – für die wirklich wichtigen Bereiche sollte dies aber schon gelten: für Erziehung und Fürsorge, die leidige Hausarbeit sowie für die Besuchsrechte und -zeiten der Ex-Partner. Versuchen Sie in diese Absprachen und Vereinbarungen auch die Kinder und Ex-Partner mit einzubeziehen. Machen Sie sich beide selbst jedoch zunächst ihre Standpunkte und Wünsche klar und einigen sich auf ein gemeinsames Vorgehen.

2. Seien Sie *offen* und ehrlich zueinander! Verschweigen Sie Ihrem Partner nicht, wenn Sie sich in bestimmten Situationen schwertun, wenn Sie sich bei allem guten Willen etwa durch das Verhalten ihrer nicht leiblichen Kinder verletzt und nicht akzeptiert fühlen.

3. *Sprechen* Sie *immer* miteinander! Sich darüber auszutauschen, was während des Tages geschehen ist und wie Sie dies und das erlebt haben, ist sehr wichtig. Unausgesprochene Dinge werden mit der Zeit zu ernsthaften Problemen, die dann eventuell mit einem verspäteten Gespräch darüber nicht mehr

ohne Weiteres ausgeräumt werden können. Dazu gehören auch Unterhaltungen, in denen die individuelle Vergangenheit und die Trennung vom Ex-Partner aufgearbeitet werden. Ihr Partner hat, wie jeder Mensch, eine Vergangenheit, die er als Erbe mit in die neue Beziehung bringt. Denken Sie immer daran: Reden ist Therapie.

4. Zeigen Sie *Eigeninitiative*, seien Sie hilfsbereit und überlassen Sie Ihrem Partner nicht zu viele Aufgaben! Sabine beispielsweise würde bald aufgerieben, wenn sie die gesamte Familienarbeit (Haushalt, die Organisation von Terminen, die Versorgung der kleineren Kinder und die Aufsicht über die Schularbeiten der Größeren) alleine bewältigen müsste. Beiden Partnern muss klar sein, dass das Leben in einer Patchwork-Familie Einsatzfreude, Kraft und Zeit bedarf.

5. Machen Sie den Kindern und Ihren Ex-Partnern *beide* deutlich, dass Sie sich die Gründung Ihrer Patchwork-Familie *genau überlegt* haben und Sie beide ein möglichst harmonisches Familienleben für alle Beteiligten anstreben! Sie wünschen sich eine Situation, in der zwar keine Probleme unter den Teppich gekehrt aber auch keine Probleme um des Streits willen kultiviert und gepflegt werden. Versuchen Sie dabei zu überzeugen und teilen Sie aber auch unmissverständlich mit, dass eine neue Familienkultur wachsen muss und dazu den guten Willen von allen Beteiligten benötigt.

6. Schaffen Sie *Raum und Zeit* für sich selbst! Auch (oder gerade) in einer Patchwork-Familie brauchen Sie Zeit für Ihre Partnerschaft. Sonst laufen Sie Gefahr, auf eine rein funktionale Rolle als Versorger und Erzieher reduziert zu werden, und die Liebe leidet. Schaffen Sie sich deshalb (am besten regelmäßige) Auszeiten, die Sie kommunizieren und für die Sie um Rücksicht bitten. Ein Beispiel: Tom kann sich als Lehrer jeden Mittwochnachmittag nach Schulschluss um 13 Uhr

frei nehmen. Tom und Sabine organisieren für diesen Tag gemeinsam mit einem Großelternpaar die Versorgung der Kinder und unternehmen etwas Gemeinsames. Mit der Zeit wird dies zu einem wohltuenden Ritual und zu einer Kraftquelle für die Beziehung.

7. Lassen Sie sich und den *Kindern Zeit*! Gefühle müssen wachsen, neue Nestwärme entsteht nur allmählich. Sie können nichts übers Knie brechen. Vereinbaren Sie dazu mit Ihrem Partner drei Zeitetappen und analysieren Sie jeweils zum Ende einer Zeitspanne gemeinsam Ihre Situation und die Situation der gesamten Familie: Wo gibt es Probleme, was funktioniert gut und was eher nicht, wer tut sich schwer mit bestimmten Situationen, wer benötigt Hilfe und Unterstützung, wobei müssen Sie Ihrem Partner unter die Arme greifen?

8. Lassen Sie sich *niemals auseinanderdividieren* und von den Interessen anderer Familienmitglieder instrumentalisieren! Sie brauchen Kraft und Verständnis für die individuelle Situation von Kindern, die wahrscheinlich noch unter dem Verlust oder der Zurücksetzung eines leiblichen Elternteils leiden. Das ist richtig. Richtig ist aber auch, dass Sie Kindern nicht damit helfen, wenn Sie sich gegenseitig ausspielen lassen. Dies sollte schon bei Kleinigkeiten gelten. Wenn ihr leiblicher Sohn Mark zum Beispiel Sabine berichtet: »Mama, Tom hat mir gestern gesagt, dass ich ruhig bis neun Uhr draußen bleiben darf«, sollte sie die Regeln kennen. Und wenn Tom und Sabine besprochen haben, dass um acht Uhr Zapfenstreich ist, dann weiß Sabine, dass Mark die Eltern gegeneinander ausspielen will und flunkert, um sich einen Vorteil zu verschaffen.

9. Seien Sie im Alltag *tolerant* zueinander! Respektieren Sie den Freundeskreis Ihres Partners und eventuelle Hobbys, (sozialverträgliche) Marotten und individuelle Verhaltensweisen. Das gibt Kraft, Erholung und schafft Vertrauen.

10. *Vertrauen* Sie einander! Die Gründung einer Patchwork-Familie ist für beide Elternteile ein großer und bedeutender Schritt. In aller Regel verbinden sich reife und gefestigte Menschen auf diese Art und Weise. Jeder weiß, dass dieser Entschluss nichts mit einer »Affäre« oder »Romanze« zu tun hat. Wenn Ihr Partner einen solchen Schritt tut, gewährt er Ihnen und den gemeinsamen Zukunftsperspektiven einen gehörigen Vertrauensvorschuss. Glauben Sie daran und vertrauen Sie ihm – dazu gehört auch, dass Sie nicht »die Krise kriegen«, wenn sich der Ex-Mann oder die Ex-Frau am Telefon meldet und sich nach den leiblichen Kindern erkundigt. Sorry, damit müssen Sie lernen umzugehen, denn das gehört in Ihrer Situation dazu.

Die Rolle des männlichen Elternteils

In Artikel 18 der Kinderrechtskonvention der Vereinten Nationen steht, dass »beide Eltern gemeinsam für die Erziehung und Entwicklung des Kindes verantwortlich sind«. Und weiter heißt es: »Dabei ist das Wohl des Kindes ihr Grundanliegen.«

Würden alle Paare in den westlich orientierten Gesellschaften dies beherzigen, müsste niemand über das moderne Phänomen der »Vaterentbehrung« klagen. Christine Brinck bringt diesen Zusammenhang in einem Artikel zum Thema »Nicht ohne meinen Papa – Trotz Patchwork-Familie und Scheidungswut: Kinder brauchen ihre Väter«[7] auf den Punkt. Sie berichtet zunächst von der englischen Entwicklungspsychologin Penelope Leach und zitiert: »Kinder brauchen Väter, weil wir eine Einheit sind, die von einer Mutter und einem Vater abstammt. Wir sind die Kombination zweier

7. »DIE ZEIT« (01/2003).

Menschen, von zwei genetischen Sätzen und zwei Familiensträngen.«

Ungeachtet dessen hat sich die Rolle des Mannes als Vater innerhalb der vergangenen 200 Jahre dramatisch verändert. Noch im 17. Jahrhundert galt der Vater, der *pater familias*, als eine machtvolle und uneingeschränkte Autorität, der – wie in vorchristlicher Zeit und in patriarchalisch organisierten Gesellschaften – die Mitglieder der Familie nach seinem Belieben richten und strafen konnte. Zwar hatte das christliche Verbot der Polygamie die Allmacht des Vaters erstmals beschränkt, über seine Familie konnte er dennoch häufig wie ein absolutistischer Herrscher bestimmen. Erst im 19. Jahrhundert führten sozialreformerische Ansätze für die Teilhabe breiterer Bevölkerungsschichten an Bildung und Erziehung (Einführung der allgemeinen Schulpflicht) zu einer Relativierung der väterlichen Dominanz und zu einer Einschränkung seiner Entscheidungsbefugnis in der Familie. Für die Entwicklung einer demokratischen, pluralistischen, gerechteren und liberalen Gesellschaft war die neue Definition der väterlichen Machtbefugnis und der männlichen Rolle als Ganzes eine unbedingte Voraussetzung.

Seit Mitte des vergangenen Jahrhunderts schlug das Pendel jedoch reichlich einseitig in eine andere Richtung aus: Durch die Abschaffung des Schuldprinzips bei einer Scheidung und die – heute als zu einseitig erkannte und häufige soziale Schlechterstellung geschiedener Männer – wurden Väter oft zu reinen »Zahlvätern«, die nach einer Scheidung oder Trennung von ihrer früheren Partnerin und Mutter der gemeinsamen Kinder um das Sorge- und Besuchsrecht kämpfen mussten und deren Teilhabe an familiären Entscheidungen auf die Brieftasche reduziert wurde.

Seit einigen Jahren kühlt sich der Geschlechterkampf, der oft genug auf dem Rücken der Kinder ausgetragen wurde, offensichtlich etwas ab und Einsichten, die bislang sowohl an fundamentalistischen Feministinnen wie auch an reaktionären Macho-Polemikern abgeprallt waren, treten verstärkt in den Mittelpunkt der Diskussion. Nur so ist die bevorstehende Novellierung der Unterhaltsgesetzgebung im Rahmen des Scheidungsrechts zu verstehen, die besonders Kinder aus geschiedenen Ehen aber auch die unterhaltspflichtigen Väter gegenüber den Müttern besserstellt. Es scheint so, als habe sich ein Wandel im gesellschaftlichen Bewusstsein gegenüber der Rolle und Funktion des Vaters eingestellt.

Christine Brinck: »Die Trendumkehr wurde zuerst – vor mehr als zehn Jahren – in Amerika sichtbar. Es war aufgefallen, dass unter den Schulversagern, Studienabbrechern, Drogenabhängigen, Vergewaltigern und Gefängnisinsassen der Anteil der Kinder, die ohne Vater aufwuchsen, überproportional hoch war. Fast zwei Drittel aller Vergewaltiger, drei Viertel der jugendlichen Mörder und ein ähnlich hoher Prozentsatz jugendlicher Gefängnisinsassen sind ohne Vater groß geworden. Ob es sich um die Zündler an der Lübecker Synagoge oder die Totschläger eines Obdachlosen handelt, fast alle teilen eine negative biografische Erfahrung mit dem Vater: Vater tot, Vater Alkoholiker, Vater unbekannt, Vater abgetaucht« ...

Die Autorin wendet sich im Folgenden gegen das Argument, dass beispielsweise die unzähligen Kriegswaisen in Deutschland, die ebenso ohne Vater aufgewachsen waren, trotzdem ordentliche Lebensläufe hinter sich gebracht haben. Brinck: »So wenig aber der Einzelfall ein Beweis ist, so wenig widerlegen Kriegs- und andere Waisen die Negativfolgen des modernen Vaterverlustes. Waisenkinder, das hat die Forschung längst etabliert, wachsen mit einem positiven Vaterbild auf. Das Bild des Vaters steht buchstäblich auf dem Klavier ... Das Bild eines geschiedenen Vaters ist aber selten positiv besetzt. ... Oft wird er verteufelt, seine Wohltaten gegenüber dem Kind werden von der Mutter sarkastisch kommentiert und beleidigt zur Kenntnis genommen: ›Wenn du es so schön

bei deinem Vater findest, kannst du ja gleich zu ihm ziehen‹.«

Nach den Ausführungen der Autorin wirken die Folgen des modernen Vaterverlustes katastrophal für beide Seiten: für die Kinder und die Väter selbst. E. Mavis Hetherington erklärt in einer
Scheidungsstudie von 2002 (»For Better or for Worse«, Nor-
ton, New York), dass eine überraschend große Zahl von Vätern
aus dem Leben ihrer Kinder ausscheiden, »weil sie es weniger
schmerzlich finden, ganz aus dem Leben der Kinder zu verschwinden, als nur halbwegs darin zu sein«.

Welche Bedeutung haben diese Einsichten, Beobachtungen und
Analysen für die Rolle des männlichen Elternteils in einer Patchwork-Familie? Eine große, weil deutlich wird, dass nicht nur
die Mutter, sondern auch der Vater vielfach gefordert ist:

- Wenn er leibliche Kinder hat, die nicht bei ihm in der Patchwork-Familie, sondern bei ihrer Mutter, also seiner ehemaligen Partnerin leben, muss er seine Vaterrolle, die er vor der
Gründung seiner neuen (Patchwork-) Familie gespielt hat,
auch weiterhin ausfüllen. Sein Verhältnis zu den nicht leiblichen Kindern in der Patchwork-Familie, die seine neue Partnerin eventuell mit in die Beziehung gebracht hat, kann dabei
durchaus problematisch werden, da er die Balance zwischen
seinem früheren und neuen Leben halten muss. Das ist häufig nicht leicht, da die leiblichen Kinder unter dem Verlust
des Vaters leiden und sich doppelt zurückgesetzt und verletzt oder schuldig fühlen, wenn ihr Vater mit anderen Kindern in einem Haushalt wohnt und ihnen selbst nur zeitweise
zur Verfügung steht.

- Wenn seine leiblichen Kinder im Haushalt der Patchwork-
Familie gemeinsam mit ihm leben, hat die Medaille ebenso
zwei Seiten: Einerseits genießen es die leiblichen Kinder, dass
ihr Vater weiterhin voll für sie da ist und nicht etwa die Rolle
des Zahl- oder Besuchsvaters spielt. Andererseits jedoch steht

der Vater unter sorgfältiger Beobachtung seiner leiblichen Kinder: Sind wir ihm nach wie vor wichtiger als die anderen Kinder, mit denen er zusammenlebt? Der erzwungene Verzicht auf die leibliche Mutter kann darüber hinaus die Bindung zum Vater zusätzlich erschweren.

• Wenn der männliche Partner hingegen kinderlos ist und zum ersten Mal in seinem Leben eine vaterähnliche Rolle einnehmen soll, ist seine Situation von den Erwartungen seiner Partnerin sowie den Gefühlen und Erwartungen der nicht leiblichen Kinder abhängig. Hierzu an späterer Stelle mehr.

Welche herausragende Bedeutung der Rolle des Vaters und häufig auch der Rolle des Stiefvaters als männlichem Elternteil in einer Patchwork-Familie zukommt, darauf verweist eine Scheidungsstudie von Judith Wallerstein, in der sie über ein Vierteljahrhundert Scheidungskinder beobachtet hat. Christine Brinck zitiert: »Mädchen schließen sich sehr viel enger an ihre Mütter an, fühlen sich für ihre Mütter verantwortlich. Ihre eigene Entwicklung leidet darunter, es fällt ihnen schwerer, diese enge Bindung zu lösen und dauerhaft glückliche Beziehungen zu jungen Männern aufzubauen. Jungen, denen die väterliche Identifikationsfigur weggebrochen ist, leiden unter Konzentrationsstörungen, prügeln sich viel und werden zu Einzelgängern. Sie werden im Zuge der Übertragung von den Müttern häufig mit den negativen Seiten des Vaters identifiziert. … Kinder, die unter Vaterverlust leiden, haben oft mit Bindungsängsten zu kämpfen. So haben in Wallersteins Studie 40 Prozent der Männer und Frauen nie geheiratet, verglichen mit einer Heiratsrate von 80 Prozent von Kindern aus intakten Familien.«

Wenn man die Ausführungen von Christine Brinck rekapituliert und mit einer bekannten Feststellung des Psychoanalytikers Horst Petri in Zusammenhang stellt, der über die Rolle des Vaters sagt:»Der Vater ist, wie die Mutter auch, seit den Anfängen der Geschichte ein Archetyp, ein in den untersten Seelen-schichten verankertes Prinzip«[8], dann kann man eigentlich nur zu einem Schluss kommen: Für den Vater gibt es, ebenso wenig für die Mutter, einen Ersatz. Die in unseren Zeiten üblich ge-wordene nonchalante Bezeichnung vom »Erzeuger« geht am Kern der Sache vorbei. Warum machen sich sonst die Kinder aus geschiedenen Ehen, die nach der Trennung der Eltern im Haushalt der Mutter leben, spätestens in der Pubertät auf, ihre Väter zu suchen? Sie graben nach ihren Wurzeln, die Entde-ckung und Erforschung der eigenen Herkunft ist für die Ent-faltung ihrer eigenen Identität von größter Bedeutung.

Für beide Elternteile in einer Patchwork-Familie bringt diese Trendumkehr bei der Bewertung der Vaterrolle wichtige Ein-sichten mit sich.

Drei Gründe für die Neubewertung der Vaterrolle

1. Die emotionale Stabilität in der Familie dürfte umso größer sein, je weniger die Person des leiblichen Vaters, der außer-halb der Patchwork-Familie lebt und dessen Kinder Mitglie-der der neuen Familie sind, von vornherein ausgeklammert wird. Den leiblichen Vater von Kindern zu negieren und zu versuchen, ihn von einem neuen männlichen Elternteil, der von nun an auch für seine nicht leiblichen Kinder die Vater-rolle spielt, ersetzen zu lassen, könnte zum Scheitern der Fa-milie führen, da die Kinder dies oftmals nicht akzeptieren. Dabei kommt es offensichtlich auf das Alter der Kinder an, in dem sich die Trennung der Normalfamilie vollzogen hat. Bei Kindern im Säuglings- oder Vorschulalter ist die Chance größer, den leiblichen Vater als Leitfigur zu verdrängen. Ver-gessen werden sie ihn jedoch nie und sich später und zu ge-gebener Zeit auf die Suche nach ihm machen.

8. »DIE ZEIT« (01/2003).

2. Der Versuch einer Mutter, bei der die leiblichen Kinder verblieben sind und die jetzt mit einem neuen Partner versucht, eine »Als-ob-Familie« aufzubauen, wird in den meisten Fällen scheitern. Die emotionale Bindung zur Mutter wird ebenso wie die Bindung zum Stief- oder Ersatz-Vater Schaden nehmen, wenn die Wahrheit ans Licht kommt. Nicht wenige Kinder in den, im Sprachgebrauch der Familientherapeuten nach wie vor so genannten Stief-Familien, projizieren ein Gefühl des Betrogenseins auf die Mutter und den Stief-Vater, wenn sie später davon erfahren, dass der Mann, den sie »Papa« genannt haben, gar nicht ihr leiblicher Vater ist. In den allermeisten Fällen haben sie ohnehin während der Phase des Heranwachsens geahnt, dass da etwas nicht stimmt. Das Ergebnis schwankt zwischen stiller aber umso tieferer Ablehnung der Bezugspersonen bis zu offener Rebellion.

3. Mit den Augen der betroffenen Kinder betrachtet – und dies ist, wie bereits erwähnt, der Ansatz dieses Buches – ist es deshalb von herausragender Bedeutung, dass die Erwachsenen von Anfang an ehrlich und offen zu ihnen sind. Wissenschaftler und Therapeuten sagen, und hierüber gibt es keinen Streit der Gelehrten, dass ein Kind etwa fünf Jahre benötigt, eine tragfähige und innige Beziehung zu seinem Stiefvater aufzubauen. Diese Liebe und Zuneigung braucht Zeit, doch wenn sie gewachsen ist, kann sie tief und stabil sein und Kind und Stiefvater ein ganzes Leben lang tragen. Wenn diese Beziehung allerdings auf einen Betrug aufgebaut wird, weil man Angst vor der Verletzung und Irritation des Kindes hat, ist es äußerst zweifelhaft, wie das Kind nach der Entdeckung des Betrugs reagieren wird und ob die Beziehung zum Stiefvater dann überhaupt eine gute Zukunft hat. Die Berichte von Erwachsenen und älteren Kindern, die eine solche Situation erlebt haben, sprechen Bände. Darüber berichtet beispielsweise der Band »Thema: Kinder«, heraus-

gegeben von Marion Schweizer[9]. Darin heißt es lapidar: »Stieffamilien neigen dazu, sich gegenseitig viel zu verschweigen.«

Die Rolle des weiblichen Elternteils

In unserer exemplarischen Patchwork-Familie Tom und Sabine Berger lebt Sabine gemeinsam mit den vier Kindern Barbara, Mark, Stefan und Luca. Barbara und Mark, heute 10 und 12 Jahre alt, sind ihre leiblichen Kinder aus erster Ehe, der einjährige Stefan ist ihr leiblicher Sohn aus zweiter Ehe mit seinem Vater Tom Berger. Sabines Rolle in ihrem Verhältnis zu diesen drei Kindern ist klar definiert: Sie ist die leibliche Mutter, und sie kann – wir erinnern uns an das treffende Wort von Petri – ihren *Archetyp* leben. Für Sabine ist es wichtig, ihre Mutterrolle voll einzubringen, und das hat sie seit der Geburt ihres Sohnes Mark auch praktiziert. Sie musste nicht arbeiten, da ihr damaliger Ehemann Karl Müller genug Geld mit nach Hause brachte, um die Familie alleine zu versorgen. Und auch Tom Berger verschafft ihr die Möglichkeit, sich ganz auf die Familie konzentrieren zu können. Darüber hinaus genießt das Ehepaar Berger einen unschätzbaren Vorteil vor anderen Patchwork-Konstellationen: Sabine und Tom haben ihre leiblichen Kinder in der eigenen Familie und sind nicht etwa Besuchs-Eltern. Durch die Gründung der Patchwork-Familie Berger ist die Situation jedoch auch für Sabine komplexer geworden, nicht nur für ihren Mann Tom, der zwei nicht leibliche Kinder mit versorgt. Toms eigene Tochter, die heute sechs Jahre alte Luca, lebt ebenso im gemeinsamen Haushalt. Für Sabine bedeutet dies wie für jedes Elternteil mit nicht leiblichen Kindern, dass sie

---

9. Vgl. Keyserlingk, Linde von / Schweizer, Marion (Hrsg.): Stief und halb und adoptiv: Neue Familie – neue Chance. Thema: Kinder. Patmos-Verlag, Düsseldorf, 1994.

ihre Rolle als weiblicher Elternteil finden und definieren muss. Möchte und kann sie für die kleine Luca, die kurz vor ihrem ersten Schultag steht, Mutter sein, mit Tom gemeinsam die Süßigkeiten für ihre Schultüte aussuchen und, wie andere Eltern auch, stolze Fotos im Klassenzimmer schießen? Oder hält sie sich lieber zurück und lässt der leiblichen Mutter, Toms Ex-Beziehung Lea, den Vortritt? Kurzum: »Wie viel Mutter« darf's denn sein? In unserem Fall liegt die Sache denkbar einfach: Lucas Mama kann sich unter der Woche nicht frei nehmen und muss ein neues Produkt ihrer Firma vor wichtigen Kunden präsentieren. Es fällt ihr alles andere als leicht, den ersten Schultag ihrer Tochter nicht miterleben zu können. Sie fühlt sich hin- und hergerissen. Aber Tom und Lea waren sich bei ihrer Trennung über die grundsätzlichen Dinge einig: Luca sollte bei ihrem Vater bleiben. Demzufolge hat Sabine, das wurde auch in einem Dreiergespräch zwischen Lea, Tom und Sabine so vereinbart, die Freiheit, auch in ihrem Verhältnis mit Luca eine mutter-ähnliche Rolle zu übernehmen. Die Grenze, die emotionale Verbindung der Mutter-Tochter-Beziehung Lea-Luca schlechtzureden, zu hinterfragen oder schlichtweg zu negieren, würde Sabine jedoch niemals überschreiten.

So klar und komfortabel wie für Sabine ist die Situation für viele Stiefmütter in der Patchwork-Familie nur selten. Zum einen gibt es aufgrund der gängigen Praxis der Sorgerechtzuweisung vor deutschen Familiengerichten verhältnismäßig wenige Fälle, in denen die leiblichen Kinder nach Scheidung oder Trennung im Haushalt des Vaters verbleiben (vgl. S. 141 f.). Und wenn die Gerichte bei der Vergabe des Sorgerechts für die gemeinsamen (kleineren) Kinder gegen die Mutter entscheiden, ist dafür in den allermeisten Fällen ein problematischer psycho-sozialer Hintergrund und/oder eine Sucht- oder Drogenkarriere der leiblichen Mutter die Ursache. Zum anderen sind die Erwartungen der Kinder in einer Patchwork-Familie an eine Stiefmutter trotz der Trendumkehr in der Bewertung der Vaterrolle immer noch größer und umfassender. So empfinden Stiefmütter häufig mehr Druck als Stiefväter, wenn es um die perfekte Ausfüllung ihrer Rolle geht. Diesen Druck erleben sie einerseits von den leiblichen und nicht leiblichen Kindern in der Patchwork-Familie und andererseits erzeugen sie diesen Druck oft auch in sich selbst. Sie suchen nach einer Rolle als »Supermutter«, die – leibliche Kinder hin oder her – möglichst perfekt sein möchte. Dabei können erhebliche Konflikte entstehen: Wenn beispielsweise die nicht leiblichen Kinder eine enge emotionale Bindung zur Stiefmutter entwickeln, können sie in einen ausgeprägten Loyalitätskonflikt mit ihren Gefühlen zur leiblichen Mutter geraten. Das Ergebnis kann ein Kreislauf der Missverständnisse (oder sollte man besser von einer Eskalationsspirale sprechen?) sein: Die Stiefmutter bemüht sich intensiv, auch zu den nicht leiblichen Kindern ein inniges Verhältnis zu entwickeln – der Loyalitätskonflikt der Kinder wird noch größer –, die Stiefmutter hat das Gefühl, keine vollwertige Mutter zu sein und intensiviert ihre Bemühungen um die Liebe der Kinder noch mehr usw.

Die Rolle des weiblichen Elternteils in einer Patchwork-Familie ist, je nach der Konstellation des Familienhaushalts, also mindestens ebenso kompliziert wie die des männlichen Elternteils. »Mama mal zwei« ist eine Aufgabe, die nur dann zu lösen ist, wenn die Stiefmutter nicht versucht, die leibliche Mutter zu ersetzen und vergessen zu machen. Auch die oftmals sehr materialistische und von ökonomischen Erfordernissen sowie von rationalen Erkenntnissen geprägte Sicht unserer modernen und individualistischen Gesellschaften lässt uns die biologische Grenze der Archetypen nicht überspringen. Eine wissenschaftliche Untersuchung des österreichischen Bundesministeriums für soziale Sicherheit und Generationen rät weiblichen Elternteilen in Patchwork-Familien daher dazu, den nicht leiblichen Kindern in der Rolle einer Freundin Liebe und Zuneigung zu schenken. Und auch Bien, Hartl und Teubner schreiben: »Gelingt es ... durch gegenseitige Akzeptanz und langsame Annäherung im Laufe der Zeit eine gefühlsmäßige Verbundenheit, eine gute Beziehung und Vertrauen zu entwickeln, so ist für das Kind der Weg offen, die ›Stief‹ als weitere Elternperson anzusehen und allenfalls ›stiefelterliche‹ Entscheidungen zu akzeptieren.«[10]

Ein frühzeitiger und freiwilliger Verzicht auf eine selbst aufgezwungene Rolle als »Supermutter« ist auch deshalb von Bedeutung, weil – wie aus der sehr interessanten Studie von Bien, Hartl und Teubner »Stieffamilien in Deutschland«[11] hervorgeht – Frauen eher als Männer dazu neigen, als erfolglos empfundene Bemühungen um die Zuneigung nicht leiblicher Kinder auf die Stabilität der Partnerschaft zu projizieren. Darüber hinaus zeigen die Analysen, dass »Frauen in beiden Teilen Deutschlands ihre Partnerbeziehung generell kritischer betrachten als Männer. Frauen haben häufiger das Gefühl, die Partnerschaft stecke in einer Krise, sie denken häufiger über eine Trennung nach und besprechen dieses Thema mit Freunden etc.«

»Deine« Kinder – »meine« Kinder?

Kinder verhalten sich – wie Kinder sich eben verhalten: unverstellt, offen, fordernd, in der Regel nicht berechnend. Von ihren erwachsenen Bezugspersonen, die mit ihnen gemeinsam in einem Familienhaushalt wohnen, fordern sie Nähe und Zuwendung, die Berücksichtigung ihrer Wünsche und die Teilhabe am familiären Leben. Leibliche und nicht leibliche Kinder ma-

10. Vgl. Bien, Walter / Hartl, Angela / Teubner, Markus (Hrsg.): Stieffamilien in Deutschland – Eltern und Kinder zwischen Normalität und Konflikt. Familien-Survey 10. Leske + Budrich, Opladen, 2002.
11. Vgl. ebd.

chen dabei keine Unterschiede und sie achten mit Argusaugen darauf, dass sich die Beziehung, die sie vor der Gründung der Patchwork-Familie mit ihrem leiblichen Elternteil hatten, auch auf dem gewohnten Niveau und mit der gewohnten Beständigkeit und Herzlichkeit fortsetzt. Daher ist es zunächst für alle Kinder wichtig, dass die Beziehung mit ihrem jeweils leiblichen Elternteil auch in der Patchwork-Familie so intensiv bleibt wie in ihrer Ursprungsfamilie.

Die emotionalen Herausforderungen, die auf die Kinder zukommen – die Trennung von einem leiblichen Elternteil und zugleich das Kennenlernen eines neuen Elternteils, an den sie sich gewöhnen sollen und dem sie irgendwann in der Zukunft idealerweise Zuneigung und nicht nur Respekt entgegenbringen sollen sowie neue Geschwister –, sind groß genug. Da ist die Liebe der leiblichen Mutter bzw. des leiblichen Vaters unbedingte Voraussetzung für die seelische Stabilität. Dazu gehört auch und besonders das Fortschreiben und die Aufrechterhaltung von Gewohnheiten und Ritualen: der gemeinsame Fernsehabend in der Kuschelecke des Wohnzimmers, der Kinobesuch, der bisher zweimal im Monat stattgefunden hat, der Gutenacht-Kuss, das gemeinsame Erledigen der Hausaufgaben, der Kauf einer speziellen Süßigkeit.

Es ist sehr wichtig, dass beide Elternteile diese Rituale und Gewohnheiten für ihre jeweils leiblichen Kinder respektieren und es akzeptieren, dass sie sich gegenseitig zeitliche und räumliche Freiräume schaffen, um dies realisieren zu können. Die Erwachsenen sind eher dazu in der Lage, sich auf neue Lebenssituationen mit all ihren Veränderungen einzustellen und damit umzugehen. Kinder können dies, gerade wenn sie noch kleiner sind, bei weitem nicht so problemlos. Sie empfinden einen abrupten Wechsel im Verhalten ihrer wichtigsten Bezugspersonen, ganz gleich, ob er aus einer Überforderung der Eltern entsteht oder ob er aus Zeitmangel geschieht, als Bruch in ihrem Leben und als Verrat an ihrer Zuneigung. Für den langsamen und behutsamen Aufbau einer guten Beziehung zum neuen Elternteil und für ein wachsendes Wohlgefühl in der neuen Lebensgemeinschaft ist eine stabile und liebevolle Beziehung zum leiblichen Elternteil deshalb von großer Bedeutung.

Für die Erwachsenen in der Patchwork-Familie bringt dies mit sich, dass sie von Anfang an den Beziehungsmustern ihres Partners mit seinen leiblichen Kindern Verständnis, Respekt und größtmögliche Toleranz entgegenbringen. Mit der Zeit kristallisiert sich schon heraus, über welche unterschiedlichen Verhaltensweisen geredet werden muss, die in einem gemeinsamen Haushalt eventuell nur schwer kompatibel sind. Haben die einen Kinder beispielsweise immer den größten Spaß dabei gehabt und die größte Nähe dabei empfunden, mit ihrem Vater Kissenschlachten in der ganzen Wohnung zu veranstalten, die anderen dagegen waren es gewohnt, sich still mit ihrer Mutter in eine Ecke zurückzuziehen und ausgiebig zu kuscheln, dann können mit der Zeit neue Verhaltensmuster des Spiels und der Nähe wachsen, von denen alle Beteiligte gemeinsam profitieren und die zu neuen Ritualen werden. Eventuell finden die Kinder, die ihre Kissenschlachten laut und lustig genießen, auch ein Gefühl der Befriedigung in der stillen Nähe zu den Eltern und vielleicht macht es den Kuschelkindern auch Spaß, sich auszutoben. Bestimmt sogar. Bis es aber so weit ist, dass beide Spielrituale allen Spaß machen, braucht es Zeit. Dazu müssen die einen, solange sie wollen, ruhig und ungestört kuscheln können und die anderen müssen ihre Kissenschlachten zelebrieren können. Den Eltern kommt dabei die Aufgabe zu, das zu organisieren und für alle Möglichkeiten Zeit und Raum zu schaffen.

So lustig das Wort auch ist, das für das Verhalten von Kindern in Patchwork-Familien in Gebrauch ist: »Meine Kinder haben sich bei mir darüber beklagt, dass sie von deinen und unseren Kindern verkloppt wurden«, so sehr symbolisiert es ein charakteristisches Problem in dieser Form des Zusammenlebens.

Kinder fechten Rangkämpfe aus, um Hierarchien herauszubilden – das ist ein unverzichtbarer Teil im Prozess der Individualisierung und des Heranwachsens. Wir können es in jeder Familie, im Kindergarten und auf dem Schulhof beobachten. Da in vielen Patchwork-Familien Kinder unterschiedlicher Altersstufen zusammengewürfelt werden, bei denen der jeweilige Entwicklungsstand oft Welten vom anderen entfernt ist, kann dieser Prozess verschärft auftreten. Beide Elternteile müssen das berücksichtigen und benötigen einen kühlen Kopf und Distanz zu sich selbst, um sich nicht gegeneinander ausspielen zu lassen. Das ist bestimmt nicht immer leicht, gerade wenn das eigene Kind Gefahr läuft, vom größeren, eventuell stärkeren oder geschickteren Kind des Partners ständig dominiert und eventuell in seiner Entwicklung beeinträchtigt zu werden. Da hilft nur eines: Rechtzeitig mit dem Partner darüber sprechen und gemeinsam genau überlegen, wie beide – jeweils in ihrer gewohnten Rolle als leiblicher Elternteil und in ihrer neuen Rolle als Elternpaar – die Kinder positiv beeinflussen und zu einer Veränderung ihres Verhaltens bewegen können.

Eifersucht und Vertrauen

Das neue Elternpaar in einer Patchwork-Familie hat eine herausragende Aufgabe: die Balance zu halten und Vertrauen zu schaffen. Damit ist keine falsche Harmonie gemeint, damit ist nicht angesprochen, dass Konflikte zwischen den Familienmitgliedern verdrängt und zugeschüttet werden, und damit ist nicht gemeint, einen Zustand zu idealisieren oder ein Idealbild schaffen zu wollen. Nebenbei: Es gibt wohl keine »ideale Familie«, deren Alltag ausschließlich von gegenseitiger Rücksichtnahme, Liebe, Toleranz und Herzlichkeit geprägt ist; offensichtlich gibt es beim Vergleich verschiedener Familien lediglich einen Grad der Annäherung an einen Zustand, den die Familienmitglieder als möglichst positiv empfinden.

Wenn von der Balance in einer Patchwork-Familie die Rede ist, geht es vielmehr um die prägende und gestaltende Kraft der Eltern. Diese haben entschieden, zwei unterschiedliche Familienstränge zu einer neuen Form des Zusammenlebens zu vereinen, nicht die Kinder haben diese Entscheidung getroffen. Daher ist es auch an den Eltern, wenn sie ihrer Fortsetzungsfamilie eine gute Zukunft geben wollen, für eine möglichst große Balance zwischen den Bedürfnissen der Kinder zu sorgen. Das betrifft zunächst einmal das Eingehen auf Ängste und Befürchtungen der Kinder. Ein Kind, das durch die Gründung einer Patchwork-Familie plötzlich neue Geschwister bekommt, muss darüber sprechen können, es muss von den Erwachsenen ernst genommen werden und es muss erfahren können, dass sein leiblicher Elternteil, die zunächst wichtigste Bezugsperson in der neuen Familie, es ebenso liebt wie früher, dass sich an diesem Verhältnis also nichts geändert hat. Das Zusammenleben mit neuen Geschwistern bedeutet, dass die Rollen der Kinder untereinander definiert und ausgehandelt werden müssen. Dabei ändern sich vielfach die Geschwisterreihen und die Geschlechterpositionen.

Ist Luca, um zu unserer exemplarischen Patchwork-Familie Tom und Sabine Berger zurückzukehren, beispielsweise bisher als Einzelkind aufgewachsen, hat sie jetzt mit einem Mal drei Geschwister. Das heißt: Luca muss teilen lernen und erfahren, dass ihr Papa plötzlich nicht nur mehr Zeit für sie alleine hat, sondern auch für drei weitere Kinder Bezugsperson und Anlaufstation ist. Gewiss wird sie deshalb Ängste entwickeln, dass ihr durch das Teilen-Müssen des Papas, seiner Zeit und Zuwendung, erhebliche Nachteile entstehen könnten. Mark, Barbara und Stefan werden von Luca deshalb nicht nur als willkommene Spielkameraden, sondern auch als Konkurrenten um die väterliche Zuneigung und Anteilnahme an ihrer Person empfunden. Gerade für Luca dürfte der Schritt in die Patchwork-Familie daher eine unvorstellbar große Herausforderung bedeuten und viele als einschneidend empfundene Veränderungen mit sich bringen. Wie Familientherapeuten wissen, treffen eine Trennung der leiblichen Eltern und eine eventuelle Fortsetzung der Familie in einer anderen Konstellation ehemalige Einzelkinder am härtesten und prägen sie nachhaltig.

Barbara und Mark hingegen müssen damit klarkommen, dass sie mit zwei jüngeren Geschwistern zusammenleben, die aufgrund des Altersunterschieds bei vielen Dingen des täglichen Lebens noch mehr Hilfe und Zuwendung der Erwachsenen benötigen als sie selbst. Von ihnen wird plötzlich erwartet, dass sie sich wie »die Älteren« benehmen, vernünftiger und ruhiger agieren, als ihnen das in manchen Situationen eigentlich möglich ist. Auch sind die große Zuneigung und die körperliche Nähe ihrer Mutter zum Kleinkind Stefan offensichtlich und wecken manchmal Eifersucht. Für beide kommt noch hinzu, dass sowohl Barbara nicht mehr das einzige Mädchen und Mark nicht mehr der einzige Junge in der Familie ist; ihre Geschlechterposition ist deshalb nicht mehr einzigartig, auch diese müssen sie mit jeweils einem Konkurrenten teilen. Dabei wird immer insgeheim verglichen und die Rangfolge definiert. Der kleine Stefan hingegen genießt eine äußerst komfortable und etablierte Situation: Erstens ist er der leibliche Sohn des Elternpaars Tom und Sabine und hat keine weitere elterliche Bezugsperson außerhalb der Familie, und zweitens ist er »der Kleine«, um den sich aufgrund seiner Unselbstständigkeit (fast) alles dreht.

Tom und Sabine Berger haben deshalb alle Hände voll damit zu tun, die Balance zu halten, oder besser: eine Balance in der neuen Familie herzustellen – eine Balance zwischen den bewussten und unbewussten Erwartungen, Forderungen, Wünschen und Ansprüchen ihrer Kinder und negativen Emotionen wie Eifersucht, Misstrauen, Verlustängsten und Aggressionen. Wie gesagt: Stefan genießt als Nesthäkchen und Wonnebrocken die »Gnade der späten Geburt«. Er freut sich über die Nestwärme in seiner Familie ebenso wie über den Trubel, den seine Geschwister veranstalten. Kein Wunder: Wer im Zentrum steht, dem scheint die Sonne.

Seiner Tochter Luca hingegen muss Tom sehr einfühlsam und geduldig immer wieder erklären und mit viel Körperkontakt auch beweisen, dass sich an seiner Zuneigung nichts geändert hat. Im Gegenteil: Sie benötigt in der ersten Zeit nach dem Bezug der neuen und gemeinsamen Wohnung extrem die Nähe des Vaters. Tom hat deshalb ganz bewusst den Umzugstermin auf den Beginn der Sommerferien verlegt; wäre er kein Lehrer, hätte er einen großen Teil seines Jahresurlaubs darauf verwendet, in der unmittelbaren Gründungsphase zu Hause zu verbringen. Luca fiel es so erheblich leichter, sich auf die neue Situation einzustellen und sich an die anderen Familienmitglieder zu gewöhnen, vor allem an Sabine, die sie zuvor lediglich sporadisch gesehen hatte. Was es Luca trotzdem ganz schön schwer machte, ist auch die Sache mit dem Teilen. Barbara, die sich trotz des Altersunterschieds beispielsweise intensiv für die Stofftiersammlung der Sechsjährigen interessierte und in den Spielzeugkisten der Schwester neue Barbiepuppen entdeckte, erschrak über Lucas lautstarken Protest und Tom musste behutsam auf seine Tochter einwirken und mehrfach bestätigen, dass er die Spielsachen nicht Barbara, sondern Luca geschenkt hatte, und dass sich an diesen Besitzverhältnissen auch in Zukunft nichts ändern werde. Für Luca war es deshalb sehr wichtig, ein eigenes Zimmer in der gemeinsamen Wohnung zu bekommen, das unmittelbar ans elterliche Schlafzimmer grenzte. So konnte sie etwas von ihrer gewohnten Eigenständigkeit in den neuen Haushalt hinüberretten, und wenn sie sich nicht wohlfühlte oder sich verloren vorkam, war ihr Papa gleich zur Stelle.

Barbara hingegen hatte besonders mit ihrer Eifersucht zu kämpfen. Schon in der Geschwisterbeziehung mit ihrem leiblichen Bruder Mark fühlte sie sich manchmal, besonders von ihrem Vater, zurückgesetzt. Ihr Papa hatte vorwiegend Jungenspiele

gespielt und war mit seinem Sohn Mark oft auf dem Fußball-
platz unterwegs. Mama Sabine sorgte zwar für Ausgleich, aber
trotzdem hatte Barbara oft das Gefühl, es gehe immer alles nach
Marks Kopf. Egal, ob das die Auswahl eines Kinofilms betraf
oder die Entscheidung, welchen Freizeitpark die Familie in den
Ferien ansteuerte. Jetzt, in der neuen und größeren Familie, ver-
stärkte sich dieses Gefühl noch, weil ihre Mutter erstens viel
Zeit für den einjährigen Stefan verwendete und zweitens einen
weiteren Teil ihrer Aufmerksamkeit auch Luca zuwandte. Eine
kleine und unbedachte Äußerung von Sabine über Lucas »di-
cke schwarze Zöpfe« hatte ein ziemliches Drama ausgelöst und
Barbara hatte, zutiefst beleidigt und gedemütigt, ihre Mutter
sofort zur Rede gestellt und gefragt, ob Luca denn wirklich schö-
nere Haare habe als sie selbst. Auch Sabine war also erheblich
gefordert und musste nicht nur erklären, sondern mit viel Zuwendung und körperlicher Nähe beweisen, dass sich an der Liebe zu ihrer Tochter nichts geändert hatte.

Barbaras Bruder Mark hatte stärker unter der Trennung seiner
Eltern gelitten als sie selbst. Er hatte zunächst das Gefühl, als
habe er seinen Vater Karl, die wichtigste Bezugsperson in seinem Leben, für immer verloren. Da Karl und Sabine sich jedoch darauf verständigen konnten, dass auch der leibliche Vater für die Entwicklung der Kinder wichtig ist, brach der Kontakt
zwischen Vater und Sohn nicht ab. Karl und Mark verbrachten,
oft gemeinsam mit Barbara, jedes zweite Wochenende
miteinander. Trotzdem hatte Mark mit der neuen familiären
Situation Probleme, die sich auf die Person Toms fokussierten.
Die neuen Geschwister Luca und Stefan interessierten Mark
hingegen nicht sonderlich. Was ihn irritierte, war vielmehr das
Gefühl, bei Abwesenheit des Vaters nicht mehr der »Chef« der
Familie zu sein, der »Große«, dem schon ein gewisses Maß an
Selbstständigkeit und Eigenverantwortung zugemutet wurde.
Da war jetzt Tom, den seine Mutter offensichtlich liebte und
den er in gewisser Weise auch als Konkurrent empfand. Es war

nicht nur die Aufgabe seiner Mutter, ihm nach Kräften ein Wohlgefühl zu vermitteln und mit ihm intensiv über die neue Situation zu sprechen, sondern auch eine Herausforderung für Tom. Dieser gab ihm ruhig zu verstehen, dass sein Vater ihn immer besuchen und abholen könne, wann er wolle, und dass er immer ein offenes Ohr für Fragen oder Probleme habe. Außerdem freue er sich darüber, dass Mark mit ihnen in der gemeinsamen Wohnung leben wolle.

Das machte es Mark etwas leichter, wenn auch viel Zeit verstreichen sollte, bis er Tom innerlich wirklich akzeptieren würde.

»Meine« Kinder – »Deine Kinder«: Dieses Wort darf in einer Patchwork-Familie niemals als Gegensatz zwischen den Elternteilen aufgefasst werden, sondern sollte vielmehr eine gemeinsame Aufforderung dazu sein, den Kindern bei der Bildung neuer Geschwisterbeziehungen zu helfen und sie bei ihrer Rollenfindung zu unterstützen. Dazu müssen die Eltern eine Balance zwischen den Ansprüchen und Wünschen aller Kinder herstellen.

Fazit oder: Was wir Ihnen raten möchten

Erwarten Sie unmittelbar nach der Gründung der Familie nicht, dass alles immer harmonisch und friedlich läuft. Alle Familienmitglieder müssen sich »zusammenraufen« und ihre Rollen finden. Geben Sie allen Beteiligten und sich selbst die dafür erforderliche Zeit und setzen Sie andere und sich selbst nicht unter Erfolgsdruck.

Verzichten Sie nicht darauf, Regeln des Zusammenlebens zu formulieren. Die wichtigsten Regeln: Höflichkeit und Respekt im Umgang miteinander, Rücksichtnahme, Toleranz und Einfühlungsvermögen.

Überlassen Sie nichts dem Zufall. Diskutieren Sie Probleme und Konflikte und versuchen Sie, gemeinsame Lösungen zu erarbeiten.

Lassen Sie sich als Elternpaar niemals auseinanderdividieren – weder von Kindern, noch von Erwachsenen.

So verstehen es die Kinder

Auf die Kinder kommt es an – das kann nicht oft genug betont werden. Was heißt das?

Das heißt, dass wir Erwachsene Fehler machen, wenn es um Kinder geht. Wir verlieben uns, sehnen uns nach Nähe und Familie und sind die glücklichsten Menschen auf der Welt, wenn uns Kinder geboren werden. Und dann kommen wir irgendwann mit dem Partner, mit dem wir unsere Kinder gemeinsam gezeugt haben, nicht mehr zurecht und verlassen einander – und die Kinder. Scheiden oder sich trennen tut weh, für gewöhnlich immer, wenn wir keine oberflächlichen Menschen sind, die eine Beziehung auf die leichte Schulter nehmen. Wir Erwachsene jedoch entwickeln Strategien, um damit umzugehen:

»Today it's like the sun is goin' down,
no light, no love, no happiness,
it's aching like the black candle
in my broken heart.
Thou' babe,
tomorrow you'll be gone,
my love.
You babe,
who fades away like sunshine –
but that will come again.«

So beschreibt ein alter Bluesbarde unseren erwachsenen Fatalismus, der bei allem Schmerz über eine Trennung, trotz aller Ausweglosigkeit und der Ohnmacht, die wir in uns fühlen, gleichwohl darauf verweist, dass es weitergeht. Irgendwie, irgendwo – die Katze hat sieben Leben.

Für Kinder jedoch sieht die Situation anders aus. Die Trennung von ihrem Vater oder von ihrer Mutter ist zumeist der erste Abschied, den sie von einem geliebten Menschen nehmen müssen. Sie haben noch keine Strategien entwickelt, die ihnen bewusst oder unbewusst dabei helfen, den Schmerz zu bewältigen. In der Regel haben sie, je nach Altersstufe, keine Erfahrung in Trauerarbeit. Darüber hinaus ist ihre wichtigste Bezugsperson, der verbliebene Elternteil, der ihnen jetzt Stütze und Partner bei der Bewältigung des Verlusts sein müsste, meist vollauf selbst damit beschäftigt, das Geschehene zu verarbeiten und wieder festen Boden unter den Füßen zu gewinnen. Kinder sind deshalb oft auf sich selbst »zurückgeworfen«. Sicher ist es richtig, dass Kinder auch in einer Familie leiden, in der sich die Elternteile offensichtlich nicht mehr lieben, und sicher ist es richtig, dass Kinder jeder Altersstufe mit ihrem untrüglichen emotionalen Sensorium sprichwörtlich körperlich fühlen, wenn die Eltern nur eine Fassade von Familie aufrechterhalten – eine Trennung ist für Kinder gleichwohl immer auch eine persönliche Katastrophe, in die sie unverschuldet geraten sind und die trotzdem nicht selten in eigene Schuldgefühle mündet.

Das hört sich traurig an und das ist es wohl auch. Wir Erwachsene denken nicht immer an die Folgen, die unser Handeln für die Seele und die Zukunft unserer Kinder hat. Trotzdem dürfen wir uns aus diesem Wissen heraus nicht an ein notorisch schlechtes Gewissen verlieren. Denn auch das belastet das Verhältnis zu unseren Kindern.

Offenheit und Ehrlichkeit

Es gibt nichts, was uns von der Verantwortung befreien könnte, die wir gegenüber unseren Kindern haben. Vater und Mutter bleiben wir ein Leben lang. Zu dieser Verantwortung gehört es, Auskunft darüber zu geben, warum sich die Lebenssituation unserer Kinder verändert hat. Selbstverständlich kann und darf man keinem Fünf- und keiner Siebenjährigen dezidiert auseinandersetzen, warum Papa und Mama nicht mehr zusammenleben wollen und/oder können. Wir müssen es jedoch versuchen, passend zur jeweiligen Altersstufe, in der sich das Kind befindet. Dazu gehört, das Kind und seine Fragen, seine Ängste und seine Wünsche ernst zu nehmen und nicht etwa vom Tisch zu wischen. Das gilt bereits in der Trennungssituation, denn Kinder fühlen ja intuitiv die Veränderung im Verhalten ihrer Bezugspersonen Mutter und Vater – selbst, wenn die Erwachsenen noch so sehr und rücksichtsvoll versuchen, ihre Kinder aus einer Beziehungskrise oder aus der Entscheidung über das weitere Zusammenleben herauszuhalten.

Wie gesagt: Was ist besser? Aus Rücksicht auf die Kinder eine Beziehung aufrechtzuerhalten, in der sich Vater und Mutter nichts mehr zu sagen haben, und die Kinder in jeder Minute des Alltags die Entfernung und häufig die Frustration, Enttäuschung und die »geballte Faust in der Tasche« im Verhältnis der Eltern fühlen? Oder ist es besser, einen klaren Schlussstrich zu ziehen und alles daranzusetzen, getrennt vom ehemaligen Partner und von einer neuen Position aus für die Kinder da zu sein? Keine Situation ist mit der anderen vergleichbar, jede Familiengeschichte ist individuell und die Persönlichkeiten der Beteiligten sind verschieden. Deshalb kann auch die Familientherapie keine generellen Ratschläge geben, jeder muss diese Frage für sich und seine Kinder selbst entscheiden. Dabei ist eines jedoch klar: Die Kinder haben ein Recht darauf zu erfahren, wie es weitergeht, warum die Eltern so und nicht anders entschieden haben und was das für sie selbst bedeutet.

Das heißt bereits in der Phase der Trennung der Eltern: »Erklären« und nicht »Ver-klären«. Dabei ist das Geschriebene in der Theorie gewiss leichter zu verstehen und nachzuvollziehen als es in die Praxis umzusetzen. Wenn eine Trennung ursächlich von einem Partner ausgeht, weil er etwa eine Beziehung zu einem anderen Menschen eingehen oder weil er aus verschiedenen Gründen mit seinem aktuellen Partner nicht mehr gemeinsam leben will, dann ist die Situation des »zurückgebliebenen« Partners natürlich eine andere. Leben die Kinder weiterhin bei dem verlassenen Partner, wachsen sie unter ganz anderen psychologischen Bedingungen auf als im anderen Fall. In jedem Fall aber fühlen sie sich verlassen und im Stich gelassen, ebenso wie der verbliebene Elternteil. Für Erwachsene bedeutet eine Trennung und/oder Scheidung die Aufgabe eines Traums, wie illusionsbeladen dieser Lebenstraum aus späterer Sicht und im Rückblick auf die gescheiterte Beziehung auch sein mag, für Kinder jedoch bedeutet diese Situation gefühlsmäßig den totalen Verlust ihres Urvertrauens und der natürlichen Geborgenheit, die sie im Nest der Familie empfunden haben. Wut, Verleugnung, Verzweiflung, Schuldgefühle sind die Folge. Deshalb müssen beide Elternteile aus ihrer jeweiligen Situation heraus mit den Kindern darüber sprechen. »Worte können heilen«, heißt es, und auch wenn Worte niemals Ersatz für den Verlust eines Elternteils sind, so können sie doch erklären und Kindern ganz wesentlich dabei helfen, mit der Situation besser und nachhaltiger fertig zu werden. Was uns Erwachsenen dabei besonders schwer fällt, ist Offenheit und das eigentlich erforderliche Maß an Objektivität. Es ist logisch, dass der verlassene Elternteil nicht gut auf seinen ehemaligen Lebenspartner zu sprechen ist, wenn er fest davon überzeugt ist, selbst schuldlos an der Trennung zu sein. Diese Haltung überträgt er bewusst oder unbewusst natürlich auch auf die Kinder, die mit ihm zurückbleiben.

Sozialwissenschaftliche Arbeiten und Untersuchungen zur Psychologie von Trennungs- und Scheidungskindern sind Legion. In den häufigsten Fällen wachsen diese Kinder mit einem einseitigen und verzerrten Bild über den gegangenen Elternteil auf, an dem selten ein gutes Haar gelassen wird, weil der verlassene Partner natürlich in erster Linie seine eigene emotionale Situation aufarbeitet und für sich selbst darum bemüht ist, neue Stabilität zu finden. Die meisten Menschen sind dazu jedoch nur durch eine schroffe Abgrenzung zum ehemaligen Partner und zu ihrer eigenen Vergangenheit in der Lage – durch eine Abgrenzung, die alle positiven Emotionen der Vergangenheit ins Gegenteil verkehrt und den früheren Partner in seiner gesamten Persönlichkeit geradezu »vernichtet«. So werden Vater oder Mutter, die für die Kinder einst Vorbild, Beschützer, Förderer, Freund sowie Ziel und Ausgangspunkt von Liebe, inniger Zuneigung und Wärme waren, mit einem Mal zur *Persona non grata*, von der alles Schlechte ausgeht und von der, aus dem Blickwinkel der Rückbetrachtung, eigentlich niemals etwas Gutes zu erwarten war. Erwachsene vergessen und/oder verdrängen dabei nur Eines: Die emotionale Bindung ihrer Kinder an den anderen Elternteil war idealerweise eine wesentliche Voraussetzung für ihre eigene persönliche Entwicklung. Deshalb belastet die gefühlsmäßige »Vernichtung« des nicht mehr präsenten Elternteils die Entwicklung der Kinder ganz erheblich: Beziehungsängste, mangelndes Vertrauen in die eigenen Fähigkeiten und in andere Menschen sowie eine Verzerrung der Geschlechterrollen (»Alle Männer sind schlecht« oder »Frauen kann man nicht trauen« …) sind die Folge.
Wahrscheinlich und offensichtlich gehört es zu den schwierigsten Aufgaben im menschlichen Leben, die negativen persönlichen Erfahrungen im Zuge einer Trennung nicht auf die Kinder zu übertragen und vor allem die Kinder nicht zu instrumentalisieren; man sollte sich jedoch bewusst sein, dass das Leben der eigenen Kinder davon nachhaltig geprägt wird.

So kommt es oft dazu, dass die Kinder und der zurückgebliebene Elternteil eine sehr enge und, so nennen es die Psychologen, »überfrachtete« Beziehung eingehen, die den späteren Abnabelungsprozess der Kinder, meist von der Mutter, äußerst erschweren und mit Schuldgefühlen überladen.

Für eine angemessene Kommunikation zwischen Eltern und Kindern in der Trennungsphase und in der anschließenden Zeitspanne zur Bewältigung einer Trennung gibt es keine Regel. Allen Erfahrungen nach aber gilt es gerade in dieser Situation bei aller erforderlichen Behutsamkeit und einem altersgerechten Umgang möglichst offen und ehrlich mit den Kindern zu sein, die häufig bereits sehr viel mehr verstehen, als Erwachsene annehmen. Dies hat auch Bedeutung für die Phase, die zur Entstehung einer neuen Struktur, zum Beispiel der Patchwork-Familie, führt. So schreiben Emily B. und John S. Visher in ihrer Untersuchung »Stiefeltern, Stiefkinder und ihre Familien«[12]:
»Der Erwachsene erlebt ein neues Glück und die Hoffnung auf eine diesmal befriedigende Partnerschaft, das Kind aber fühlt sich wahrscheinlich mehr und mehr im Stich gelassen. Bei der Hochzeit freut sich der Erwachsene auch für das Kind, das nun wieder eine zweite elterliche Bezugsperson bekommt, während im Gegenteil das Kind nun auch den verbliebenen Elternteil an den neuen Partner zu verlieren meint. In den Augen vieler Kinder beschert die neue Ehe eben nicht wieder ein vollständiges Elternpaar, sondern weitere Verluste: Sie befürchten sogar, dass sie den ihnen gebliebenen Elternteil jetzt auch noch verlieren.«
In dieser Situation ist es deshalb von großer Bedeutung, dass der verbliebene leibliche Elternteil den Kindern oft und nachdrücklich sagt und durch körperliche Nähe beweist, dass sich an seinem Verhältnis zu den Kindern nichts geändert hat und

12. Vgl. Visher, Emily B./Visher, John S.: Stiefeltern, Stiefkinder und ihre Familien – Probleme und Chancen. Psychologie Verlags Union. München/Weinheim, 1987.

sich diese weiterhin auf ihn verlassen können. Wird dies versäumt, ist das Gelingen einer Patchwork-Familie mehr als unwahrscheinlich. So urteilen Visher und Visher: »Die Gefühle der Erwachsenen und der Kinder sind wohl in keiner Phase des gesamten Prozesses von Scheidung und neuer Eheschließung diskrepanter als gerade zum Zeitpunkt der Wiederheirat. Und wegen dieser Diskrepanz sind die Erwachsenen gewöhnlich nicht in der Lage, die Gefühle der Kinder und ihr entsprechendes Verhalten zu verstehen.«[13] Hier gibt es nur eine Lösung: Miteinander sprechen, um Verstehen zu ermöglichen.

Fragen nicht im Raum stehen lassen

Dazu gehört es unbedingt, keine Fragen unbeantwortet im Raum stehen zu lassen. Thea, eine Bekannte, erzählt folgende Geschichte: »Meine Tochter Franziska hatte eigentlich überhaupt keine Probleme mit Thomas, meinem neuen Mann. Als ihr leiblicher Vater und ich uns trennten, war Franzi acht Jahre alt. Heute, sechs Jahre danach, wundere ich mich schon darüber, dass ihre Beziehung zu Thomas schon nach einigen Monaten des Zusammenlebens ziemlich gut war. Ich muss allerdings dazu sagen, dass Thomas sehr behutsam mit der Situation umgegangen ist und Franziska zu nichts gedrängt hat. Außerdem hat er keine eigenen Kinder in unsere Ehe gebracht. Meinen Beitrag habe ich aber sicher auch geleistet, denn ich kann mich gut daran erinnern, dass Franziska nach der Trennung von meinem Ex-Mann unheimlich viele Fragen stellte und ich sehr viel Zeit in Gespräche mit ihr investiert habe. Ich habe immer versucht, ihr alles zu erklären, so gut es eben ging. Und es war nicht einfach, Fragen wie ›Warum

13. Vgl. Visher, Emily B./Visher, John S.: Stiefeltern, Stiefkinder und ihre Familien – Probleme und Chancen. Psychologie Verlags Union. München/Weinheim, 1987.

hat uns Papa nicht mehr lieb?‹ oder ›Warst du böse zu Papa?‹ zu beantworten. Geholfen hat uns allen sicher auch, dass mein Ex-Mann Gerd und ich beschlossen hatten, dass er Franziska, wann immer er konnte, besuchen oder abholen sollte, um den Kontakt zu halten. Ob das für Gerd wichtig war, hat mich, ehrlich gesagt, nicht sonderlich interessiert, da es zwischen uns Dinge gegeben hat, die uns weit voneinander entfernt haben. Ich wusste aber, dass es für Franziska wichtig war, ihren Vater nicht zu verlieren. Gott sei Dank hat auch Thomas keine Probleme damit.«

Thea beschreibt mit ziemlicher Sicherheit eine beinahe ideale und keineswegs alltägliche Situation: Alle Erwachsenen benehmen sich tatsächlich wie erwachsene Menschen und vermeiden es, ein Kind in den Strudel negativer Gefühle gegenüber anderen Erwachsenen hineinzuziehen. Kinder werden häufig auf subtile Weise missbraucht: Charakterliche oder verhaltensgemäße Eigenarten, die an den anderen Elternteil erinnern, werden als unerwünscht oder negativ gebrandmarkt, Kinder werden bei Besuchen beim anderen Elternteil als Boten finanzieller Forderungen benützt oder mit Sätzen wie »Dein Vater hat uns nie richtig geliebt« konfrontiert. Wie sehr solche elterlichen Verhaltensweisen das kindliche Selbstbewusstsein erschüttern und das Kind als Individuum selbst in Frage stellen (immerhin stammt es nicht nur von einem Elternteil ab), wird in diesen unreflektierten Momenten nicht gesehen. Kinder werden so zum Werkzeug eines Rachefeldzugs degradiert, der in ihrem eigenen Leben unauslöschliche Spuren hinterlässt und häufig im Kampf um das Sorge- und Besuchsrecht gipfelt.

Ganz entscheidend für den glücklichen Beginn und den anhaltend positiven Zustand von Theas neuer Familie dürfte besonders ihre Kommunikation mit Franziska sein. »Wie hast du auf die Fragen deiner Tochter geantwortet?«, wollen wir von ihr wissen. Thea erzählt: »Ich habe Franziska versucht zu erklären, dass sich Erwachsene manchmal genauso streiten wie Kinder und dass es nicht etwa so ist, dass der eine nur immer gut und der andere nur immer böse ist. Ich habe ihr gesagt, das muss ich zugeben, dass ich sehr wütend auf ihren Papa bin. Aber ich habe ihr auch gesagt, dass er oft kommen wird, um sie zu holen und mit ihr zu spielen, auch wenn er nicht mehr so oft bei ihr sein könne wie früher. Das hat Franziska relativ schnell akzeptiert, und als sie gesehen hat, dass Gerd wirklich sehr zuverlässig war mit seinen Besuchen und gemeinsamen Unternehmungen mit ihr, hat sich mit der Zeit auch die Verlustangst gelegt.« Wir fragten Thea weiter, wie sie so »vernünftig« reagieren konnte. Sie hätte doch auch den Fragen ihrer Tochter ausweichen können, vielleicht hätte man sogar verstehen können, wenn sie kein gutes Haar an ihrem Ex-Mann gelassen hätte. Thea: »Wenn eine Beziehung auseinandergeht, haben, wie man so schön sagt, beide Partner ihren Anteil daran. Selten ist einer alleine schuld, weil er vielleicht gewalttätig ist. Eine Trennung hat ihre Vorgeschichte. Außerdem, was hätte es genützt, wenn ich Franziskas Fragen von mir weggeschoben hätte? Die kommen doch wieder, spätestens in der Pubertät und dann noch viel stärker und bohrender. Nein, ich habe immer versucht, Franziska zu zeigen und zu sagen, dass es nicht schön ist, was da passiert, dass es aber auch keine Katastrophe ist, und sie und ich weiterleben werden. Ich bin mir übrigens ganz sicher, dass Franziska Thomas nur deshalb so akzeptiert hat – heute findet sie ihn sogar richtig cool –, weil sie ihren Vater weiterhin hatte und auch mit ihm über alles reden konnte, ohne von mir oder von uns schief angeschaut zu werden.«

Leben Sie Emotionen vor

Manche Erwachsene haben grundsätzliche Probleme damit, Emotionen zu zeigen. Bindungsängste, die Befürchtung, verletzt zu werden, schlechte Erfahrungen oder ein Gefühl des Sich-lächerlich-Machens mögen dafür verantwortlich sein. Offensichtlich leiden öfter Männer unter diesem Problem als Frauen und wahrscheinlich schlagen wir uns in Deutschland häufiger mit diesem zweifelhaften kulturellen Erbe herum als beispielsweise in südeuropäischen Ländern, wo die emotionale Ausdruckskraft in der Regel stärker ausgebildet und auch zwischen Männern Tradition ist. Ein naher Freund berichtet, dass er seinem Vater erst unmittelbar vor dessen Tod nahe kam. Sein Vater, der sein ganzes Leben lang fast jeden körperlichen Kontakt mit seinem Sohn gemieden hatte – es war niemals zu einer Umarmung, geschweige denn zu einem Kuss zwischen Vater und Sohn gekommen –, sagte ihm in dieser Situation auch zum ersten Mal, dass er ihn liebe.

»Es war, als wäre eine unsichtbare Schranke zwischen uns gefallen und ich spürte, wie sehr dieses Geständnis meinen Vater erleichterte. Ich begriff aber zugleich auch, wie unendlich schwer er sich damit getan hatte, seine innere Distanz zu überwinden.«
Es ist merkwürdig und eigentlich kaum zu verstehen: Menschen, die einem Anderen innerlich aufs Äußerste verbunden sind und für sich selbst genau wissen und fühlen, wie sehr sie den anderen lieben, können diesem Gefühl keinen Ausdruck verleihen. Im Gegenteil: Sie flüchten sich in stoische Gebärden oder in eine Nonchalance, die bestenfalls interpretationsfähig und alles andere als eindeutig ist. Gerade für Kinder ist das nur sehr schwer zu ertragen. Sie wollen verstehen, wissen und vor allem fühlen, dass sie geliebt werden. Körperliche Nähe aber auch liebevolle und bekräftigende Worte sind deshalb sehr wichtig, und es ist falsch, anzunehmen, Kinder wüssten ohnehin, dass sie geliebt werden. So berichtet der Freund über den Abschied von seinem Vater:»Ich war sehr berührt über seine Worte und habe geantwortet, dass er dies früher nie gesagt habe. Da meinte er beinahe verlegen, das sei doch selbstverständlich, dass ein Vater seinen Sohn liebe. Davon könne man doch ausgehen. Ich habe ihm nicht mehr gesagt, dass ich das ganz und gar nicht selbstverständlich fand, sondern das gerne auch früher von ihm ge-

hört hätte. Ich empfand die Situation, in der er sagte, dass er mich liebt, wie eine letzte Gelegenheit.«

Doch nicht nur die Emotionen zwischen Eltern und Kindern sollten offen gelebt und gezeigt werden, auch die Gefühle zwischen den Erwachsenen. Natürlich sollten die Eltern in einer Patchwork-Familie nicht »mit der Tür ins Haus fallen« und genügend Einfühlungsvermögen für die psychologische Situation von Kindern aufbringen, die eventuell den Verlust eines leiblichen Elternteils bedauern und sich erst langsam daran gewöhnen, dass ihre Mutter oder ihr Vater einen neuen Partner hat. Trotzdem wäre es nicht richtig, aus falsch verstandener »Rücksicht« auf die Kinder, die Zuneigung zum neuen Lebenspartner lediglich hinter verschlossenen Türen zu zeigen. Das neue Elternpaar muss deshalb möglichst unverkrampft und gleichwohl mit aller Behutsamkeit seine Paarbeziehung vorleben, denn es bildet nicht nur das Fundament der Familie, sondern steuert mit seinem Verhalten auch den Kurs.

Vom Teilen-Können und Loslassen-Können

Gleichwohl kann es in einer Patchwork-Familie trotz guter Rahmenbedingungen durch das Elternpaar richtig Zoff geben. Der größte »Sprengstoff« verbirgt sich im Alltag häufig in den unterschiedlichen Loyalitäten und Beziehungsmustern der Kinder, die ihre Rollen in der Konstellation neu definieren und lernen müssen. Dazu benötigen sie die Hilfe und die Unterstützung der Erwachsenen.

Wir erinnern uns an unsere Beispielfamilie Sabine und Tom Berger, die vier Kinder betreut: Luca (6), Barbara (10), Mark (12) und den einjährigen Stefan. Spielen wir die Rollen der einzelnen Kinder in aufsteigender Folge durch:

Für Stefan scheint die Welt ziemlich perfekt zu sein. Seine leiblichen Eltern kümmern sich um sein Wohlergehen, Mutter Sabine ist nicht berufstätig und kann sich deshalb den ganzen Tag um ihn kümmern. Außerdem wird er auch noch von seinen Geschwistern verwöhnt, die mit ihm spielen. Die kleine Luca hingegen musste sich bei der Gründung der Patchwork-Familie extrem umstellen und viel lernen. Die Trennung ihrer leiblichen Eltern brachte Ängste und Trauer mit sich, auch wenn die Berufstätigkeit ihrer Mutter Lea sie von klein auf selbstständiger als andere Kinder ihres Alters gemacht hatte und ihr Vater schon früher fast eine gleichwertige Bezugsperson war. Vor allem aber stammt sie aus einer Kleinfamilie, in der sich alles auf sie konzentrierte und keine anderen Geschwister da waren. Jetzt muss Luca zudem akzeptieren, dass ihr Papa mit einer anderen Frau zusammenlebt und sich auch noch um weitere Kinder kümmert, und dass sie ihre Mama relativ selten und auch nicht immer zu den verabredeten Besuchszeiten sieht, weil Lea in ihrem Job manchmal auch an Wochenenden, die sie eigentlich für Luca blockiert hatte, arbeiten muss. Lucas Seelenzustand ist noch ambivalent: Einerseits genießt sie die Anwesenheit ihrer Halbgeschwister als Spielkameraden und Freunde, andererseits jedoch muss sie erfahren, dass ihre zentrale Bezugsperson in der Familie, Papa Tom, auch mit den anderen Kindern spricht, spielt, mit ihnen lacht und seine Freizeit verbringt. Das bedeutet loslassen und Zeit teilen. Luca muss die innere Bereitschaft dazu aufbringen, ihren Papa loszulassen, damit dieser auch Zeit für die anderen Kinder hat, Zeit, die Aufmerksamkeit, Zuneigung und körperlichen Kontakt einschließt, und Zeit, die zuvor ausschließlich für sie selbst reserviert war. Darüber hinaus muss sie sich in einem Umfeld orientieren, in dem es nicht mehr ruhig und beschaulich zugeht, sondern das von einem lautstarken Tohuwabohu geprägt ist: Der kleine Stefan schreit, weil er sich den Kopf an einer Tischkante gestoßen hat, Mark kehrt gerade mürrisch aus der Schule zurück, wirft seinen Ranzen in die Ecke und knallt seine Zimmertür, Barbara telefoniert mit einer Freundin. Für Luca ist es deshalb sehr wichtig, über Rückzugsmöglichkeiten zu verfügen, die zum einen in gemeinsamen Zeiten bestehen, in denen sie, zum Beispiel bei gemeinsamen Unternehmungen, nur mit ihrem Papa zusammen ist, und zum anderen in einem eigenen Zimmer, in das sie sich zurückziehen kann.

Aufgrund des Altersunterschieds zwischen Mark, Barbara und Luca funktioniert das Zusammenleben jedoch verhältnismäßig gut, nachdem in der ersten Phase der Patchwork-Familie Spielregeln ausgehandelt wurden, die Lucas Geschwister mit der Zeit akzeptierten. Dazu gehört beispielsweise, dass Barbara nur mit Lucas Erlaubnis an ihre Spielsachen geht und nicht etwa während ihrer Abwesenheit das Zimmer auf den Kopf stellt. Tom weiß jedoch sehr genau, dass Luca noch sehr viel seelische Unterstützung von ihm benötigt und keinesfalls das Gefühl bekommen darf, in der neuen Großfamilie »unter die Räder zu geraten«. Denn Luca neigt dazu, sich in sich zurückzuziehen.

Ebenso wie Luca musste auch Barbara lernen, Zeit und Aufmerksamkeit zu teilen. Zum einen benötigt ihre Mutter Sabine Zeit für den kleinen Stefan, den sie, öfter als es Barbara lieb ist, auf dem Arm durch die Wohnung trägt, und zum anderen ist da ja auch noch Luca. Sabine hat schnell verstanden, dass ihre Tochter Barbara neben Luca das empfindlichste Glied in der Kette der Familie ist, und dass ihre seelische Balance sehr viel Zuspruch und Bestätigung benötigt. Barbara fällt das Teilen von Zeit und Aufmerksamkeit von allen Kindern am schwersten, weil sie es als Mädchen in ihrer Ursprungsfamilie gewohnt war, das größte Maß an körperlicher Nähe von ihrer Mutter zu erfahren. Barbara war die »Prinzessin«. Sabine nutzt deshalb möglichst viele Gelegenheiten, mit ihrer Tochter alleine zu sein und ihr immer wieder zu zeigen, dass sich an ihrer Bedeutung für ihre Mutter nichts geändert hat. Allerdings geht Barbara ganz anders als ihre Stiefschwester mit der neuen Situation um: Müssen Tom und Sabine bei Luca darauf achten, dass sie nicht zu einem introvertierten Kind heranwächst, das seine Loyalitätskonflikte mit sich selbst ausmacht und sich gegenüber der Außenwelt verschließt, so müssen sie Barbara zum Teil ganz entschieden Grenzen aufzeigen.

Einmal tut sich die Zehnjährige mit der Trennung ihrer leiblichen Eltern schwer, sie stieß Tom zunächst schroff von sich weg und wollte nicht akzeptieren, dass ihre Mutter einen anderen Partner gewählt hatte, und weiterhin bringt sie wenig Verständnis dafür auf, teilen zu müssen. Und Teilen bedeutet für Barbara nicht nur das Teilen von Zeit und Zuneigung, sondern auch das Teilen materieller Dinge. Dies fiel ihr schon im Verhältnis mit ihrem leiblichen Bruder Mark schwer, bei dem sie stets eifersüchtig darauf achtete, dass seine Geburtstags- oder Weihnachtsgeschenke nicht größer ausfielen als die eigenen. Und jetzt hat sie auch noch mit einer weiblichen Mitkonkurrentin um die Gunst der Erwachsenen zu tun. Für Sabine bedeutet dies: viele Einzelgespräche mit Barbara führen, ihr immer wieder sagen, dass sie geliebt und gewollt ist, und dass »die Neue« ihr keinesfalls den Rang ablaufen kann.

Mark ist mit zwölf Jahren das älteste Kind in der Patchwork-Familie Berger. Eigentlich kommt er mit der neuen Situation ganz gut klar, auch wenn die Trennung seiner leiblichen Eltern in eine Phase gefallen war, in der Jungen sehr intensiv damit beginnen, die »Mannesriten« zu erkunden. »Papa« bedeutet in dieser Zeit häufig vielerlei: Vorbild, erwachsener Freund, Sparringspartner, Kumpel und Spielkamerad, der am liebsten verrückte und deshalb interessante Dinge mit dem Sohnemann treiben soll. Da stören kleinere Geschwister nur, und Mark hatte schon vollauf genug mit seiner Schwester zu tun, die gerne petzte und seine Kreise störte. An Stabilität gewann er deshalb erst wieder, als er erfahren konnte, dass die Treffen mit seinem Vater regelmäßig und schön verliefen, und dass auch seine Mutter viel Verständnis für ihn aufbrachte und nicht etwa Barbara oder die anderen Kinder vorzog. Mit seinem Verhältnis zu Tom aber ist Mark nicht unglücklich, da dieser ihn fast als Erwach-

senen behandelt und ihn in seinem unbewussten Auftreten als
»vernünftiges« und ältestes Kind fördert. Dabei müssen Tom
und Sabine darauf achten, dass sich Mark in dieser Rolle nicht
überfordert und müssen auch sein kindgerechtes Verhalten akzeptieren, das sich in Momenten der Trauer über die Trennung
der Eltern und den Verlust des Vaters im Alltag zeigt.

Fairness gegenüber früheren Partnern und den Kindern

Für Mark, Barbara und Luca ist es sehr wichtig, dass sie ihre
leiblichen Elternteile, die sie durch die Trennung des jeweiligen
Elternpaares im Alltag verloren haben, regelmäßig sehen und
treffen können. Nichts ist schlimmer für Kinder, als erfahren
zu müssen, dass ihr Vater oder ihre Mutter endgültig aus ihrem
Leben verschwindet – so, als ob eine Tür für immer verschlossen worden wäre. Die negativen psychologischen Folgen dieser
Erfahrung sind, so behaupten wir, und alle Erfahrungen bestätigen die These, unausweichlich: Ängste, zum Teil notorische
Verlustängste, die oft ein Leben lang anhalten, eine häufig tief
wurzelnde persönliche Verunsicherung bei der Einschätzung
von Handlungen und Erwartungen anderer Menschen, spätere
und oft schwere Probleme, Beziehungen dauerhaft aufrechtzuerhalten, mangelndes Vertrauen in Andere sowie eine Neigung
zur Vereinzelung. Es mag Ausnahmen geben, die Regel ist es
mit Sicherheit aber nicht, dass der Verlust eines Elternteils nicht
durch Tod, sondern durch eine Entscheidung von Erwachsenen unbeschadet an dem betroffenen Kind vorübergeht. Offensichtlich kann eine Mutter niemals den Vater und ein Vater
niemals die Mutter ersetzen. Noch einmal erinnern wir uns an
das Bild vom *Archetyp*, den wir weder in uns noch in anderen
Menschen auslöschen oder vergessen machen können. Daher
müssen, wenn den beteiligten Erwachsenen das Wohl ihrer Kin-

der wirklich am Herzen liegt, sowohl das neue Elternpaar als auch die außerhalb der Patchwork-Familie verbliebenen leiblichen Elternteile den Kontakt mit den betroffenen Kindern ermöglichen, alles dazu tun, dass er aufrechterhalten wird und ihn gegebenenfalls sogar fördern. Deshalb ist die Wahl des Wohnorts für eine Patchwork-Familie auch von großer Bedeutung. Er sollte aus Rücksicht auf die Kinder möglichst so gewählt werden, dass regelmäßige Besuchszeiten möglich sind!

In einer Ursprungsfamilie sind die Rollen klar verteilt, es gibt keine Unklarheit darüber, wer zur Familie gehört und wer die Autorität in der Familie hat. Wenn von außen keine maßgeblichen Störeinflüsse in die Familie hineingetragen werden, etwa durch Großeltern oder Geschwister der Eltern, und auch die Kinder die Einigkeit des Elternpaares nicht systematisch gefährden können, ist diese Konstellation normalerweise stabil und funktionsfähig. Anders verhält es sich manchmal in Patchwork-Familien. Hier besteht vor allem durch einen oder mehrere leibliche Elternteil(e), die außerhalb der Konstellation leben, ein beständiges Risiko, dass Unfrieden in die neue Familie hineingetragen wird. Dies ist besonders häufig dann der Fall – eigentlich muss festgestellt werden, dass es unter den folgenden Umständen die Regel ist –, wenn ein Elternteil in der Patchwork-Familie seine eigene Vergangenheit mit dem Ex-Partner noch nicht bewältigt hat und diesen aufgrund der vorgefallenen Ereignisse oder einer besonders unerfreulichen und dramatischen Trennung vehement ablehnt. Umgekehrt ist es auch möglich, dass der frühere Partner außerhalb der Patchwork-Familie das Zusammenleben seines ehemaligen Partners mit einem neuen Partner nicht akzeptiert und permanent versucht, Störfeuer zu entzünden.

In beiden Fällen liegen vor allem gegen- und wechselseitige Verletzungen des ehemaligen Elternpaares vor, das sich misstraut und Wut und Frustration aneinander abreagiert. Allzu oft werden hierzu die Kinder instrumentalisiert; sie werden häufig zum Spielball des elterlichen Kampfes um ihre Zuneigung und Liebe.

Doch schon alleine durch den Umstand der Trennung des Elternteils und ohne spätere negative Verhaltensweisen der Eltern leben Kinder in einem psychologischen Zustand der *Ambiguität*. Das Wort stammt aus dem Lateinischen und bezeichnet einen Doppelsinn, eine Zwei- oder Mehrdeutigkeit. Kinder befinden sich nach Trennung und/oder Scheidung ihrer leiblichen Eltern im Zustand der Ambiguität, weil sie zugleich in zwei verschiedenen Welten leben müssen: in der Welt des einen Elternteils, bei dem sie in der Woche zu Hause sind, und in der Welt des anderen Elternteils, der lediglich am Wochenende, eventuell an Feiertagen und beruflichen Freizeiten sowie in den Ferien besucht werden kann oder zu Besuch kommt. Deshalb leiden die meisten Kinder unter massiven Loyalitätskonflikten: Während ihres Heranwachsens in der Ursprungsfamilie haben sie im Regelfall zu beiden Elternteilen feste Loyalitäten entwickelt. Plötzlich aber sind die Eltern getrennt und die Kinder sind gezwungen, ihr Zugehörigkeitsgefühl und ihre Zuneigung auf zwei verschiedene Personen in zwei verschiedenen Haushalten und in zwei unterschiedlichen Lebenssituationen aufteilen zu müssen. Schon das alleine fällt schwer, je nach der Entwicklungsstufe der Kinder geht es mit großen Verlustängsten und verzweifelter Trauer einher.

Wenn die Loyalität zu einem Elternteil durch den anderen Elternteil jedoch auch noch massiv untergraben wird, kann es die Identitätsfindung eines Kindes und seine gesunde emotionale und psychische Entwicklung erheblich stören und gefährden. Das Wort »Identität« spielt hierbei eine bedeutende Rolle: Denn zur Identität eines Kindes gehören seine Wurzeln, die sich aus zwei Familiensträngen zusammensetzen, das Kind stammt von Vater *und* Mutter oder von Mutter *und* Vater ab, nicht von einem Elternteil alleine. Alle Verletzungen, die ein Elternteil dem anderen zufügt, treffen daher auch immer die Kinder. So fatal und schmerzlich diese Erkenntnis auch sein mag, so richtig ist sie doch!

Judith, eine 45-jährige Rechtsanwältin, hat dies vor etwa zwei Jahren erkennen müssen. Mit ihrem heute 20-jährigen Sohn Tim war es anlässlich seines 18. Geburtstags zu einer hässlichen Szene gekommen:»Ich muss zugeben, dass mich lange kein Gespräch mehr so beschäftigt und aus der Ruhe gebracht hat wie das damals mit Tim. Ich hatte ihn eigentlich nur ein bisschen hänseln wollen, weil er das ganze Geld, das er von seinen Großeltern und von mir und meinem Lebensgefährten zu seinem Geburtstag geschenkt bekommen hatte, für seinen Motorradführerschein ausgeben wollte. Ich machte doch nur die, ja gut, zugegeben, blöde Bemerkung, dass Tims Vater auch immer unvernünftige Dinge getan hätte, wofür andere danach geradestehen mussten. Ich machte mir einfach Sorgen, weil Motorradfahren doch wirklich nicht ungefährlich ist.« Wie Judith weiter erzählt, reagierte ihr Sohn derart heftig auf diese Bemerkung, dass er ihr das Geld vor die Füße warf und schrie:»Ja, ja! Ich bin eben wie mein Vater, wie mein scheiß Vater!« Einige Tage darauf eröffnete ihr Tim, dass er möglichst bald ausziehen wolle, weil»ich es hier einfach nicht mehr aushalte«. Judith war schockiert – und begann, über die Vergangenheit nachzudenken.»Eigentlich dachte ich immer, ich hätte die Situation gut im Griff. Nach der Scheidung von seinem Vater habe ich wirklich alles dafür getan, dass Tim, der damals acht war, möglichst sorgenfrei und unbeschwert heranwächst. Es war immer jemand da für ihn. Wenn ich aus beruflichen Gründen keine Zeit hatte, waren meine Mutter oder meine Schwester bei uns zu Hause, um auf ihn aufzupassen. Er war nie alleine, er war keine Scheidungswaise und kein Schlüsselkind, meine ich! Und seit sechs Jahren leben wir jetzt mit meinem Lebensgefährten Georg gemeinsam in einem Haus, und ich hatte immer das Gefühl, dass sich Georg und Tim gut verstehen. Es gab eigentlich nie Kämpfe oder Streit zwischen den beiden. Aber ich habe anscheinend den Fehler gemacht, ihn zu sehr von seinem leiblichen Vater abzuschotten.«

Fehler? Ein relativer Begriff. Wir alle machen Fehler, besonders in Situationen, in denen wir starken gefühlsmäßigen Belastungen ausgesetzt sind. Und es ist nicht verwunderlich, dass Judith, die während ihrer Ehe von Tims Vater in mehrfacher Hinsicht hintergangen worden war, dieses Kapitel in ihrem Leben so schnell wie möglich abschließen wollte. Trauer, Verzweiflung und Wut, mit den damit verbundenen Selbstzweifeln und Selbstvorwürfen, kann jeder Mensch nicht ewig aushalten. Das ist verständlich, und es ist richtig und lebensnotwendig, irgendwann einen Schlussstrich zu ziehen, um sich nicht die ganze Zukunft vergällen zu lassen und neue Perspektiven entwickeln zu können.

Was Judith offenbar jedoch unterschätzt hatte, war der Umstand, dass sie ihrem Ex-Mann den Umgang mit Tim kategorisch verbot und dies auch bei Gericht durchsetzte. Tim hatte seinen leiblichen Vater zwischen dem achten und siebzehnten Lebensjahr kein einziges Mal gesehen. Er war also sehr wohl »Scheidungswaise« und erhielt darüber hinaus nur »gefärbte« Informationen über seinen Vater. Natürlich begann er sich brennend für ihn und seine aktuelle Lebenssituation zu interessieren und setzte in der Pubertät alle Hebel in Bewegung, um mit ihm Kontakt aufzunehmen. Judith hatte dies jedoch hintertrieben und es bewerkstelligt, auch weil die beiden Wohnorte der ehemaligen Lebenspartner weit auseinanderlagen, dass Tim fast ein Jahrzehnt keinen Kontakt mit seinem Vater hatte. Ihrem Sohn hatte Judith unbewusst einen Schuldkomplex eingeimpft. Ihr Motto lautete: »Wenn du deinen Vater treffen willst, stellst du dich automatisch gegen mich. Du verletzt meine Gefühle für dich und du gefährdest meine Liebe zu dir.«

Natürlich hatte Judith dies nie konkret ausgesprochen, zugleich aber alles dafür getan – heute gesteht sie zu: »größtenteils sicher unbewusst, manchmal aber auch ganz bewusst« –, Tim ein negatives und einseitiges Vaterbild zu vermitteln. Was das für den Jungen bedeutete, erfuhr Judith erst während eines Gesprächs mit Tim, das sie einige Wochen nach seinem 18. Geburtstag führten. Judith:»Tim machte mir schwere Vorwürfe und sagte zum Beispiel, dass ich ihn wohl für blöd halte. Er würde es einfach nicht mehr hören wollen, was sein Vater für ein schlechter Mensch sei, nachdem er ihn kurz vor seinem 17. Geburtstag zum ersten Mal ja wieder getroffen habe und sich jetzt ein eigenes Bild über ihn machen könne. Er würde sich Bemerkungen aus der Familie über seinen Vater verbitten und könne es nicht ertragen, dass sein Vater angeblich nur schlecht und böse sei. Der habe aber komischerweise niemanden ermordet oder etwas gestohlen. Er sei nur – Tim sagte mehrfach ›nur‹ – von seiner Frau geschieden worden. In meinen Augen sei das natürlich ein Kapitalverbrechen. Alle müssten aber endlich kapieren, dass er sein Papa ist.«

Alle müssen endlich kapieren, dass er mein Papa (oder sie meine Mama) ist! Die Geschichte von Judith und Tim bringt es auf den Punkt, was Erwachsene (»größtenteils sicher unbewusst, manchmal aber auch ganz bewusst«) in den Seelen ihrer Kinder auslösen, wenn sie ihnen einen leiblichen Elternteil vorenthalten und/oder dämonisieren. Es bedarf keiner Prophetie, um anzunehmen, dass dieses Verhalten später auf den Elternteil, der den anderen dämonisiert hat, zurückfällt und die emotionale Bindung zwischen Elternteil und Kind gefährdet. Judith sagt heute:»Ich habe das erst jetzt, durch Tims Reaktion, verstanden. Ich hätte nie Angst davor haben müssen, dass Tim seinen Vater trifft, denn er ist intelligent, und er hätte sich längst sein eigenes Bild machen können. Seine Zuneigung zu mir hätte das nicht in Frage gestellt, da bin ich mir sicher. Aber, verdammt noch einmal, ich konnte es einfach nicht ertragen, dass dieser Mann noch irgendeine Rolle in meinem weiteren Leben spielen sollte!«

Judiths Einstellung ist verständlich – aber nur aus dem Blickwinkel von uns Erwachsenen. Mit den Augen der Kinder betrachtet, ist sie jedoch grundfalsch, um nicht zu sagen – brutal. Darüber hinaus kann sie im Ergebnis zu einer Situation wie bei Judith und Tim führen, in der sich herausstellt, dass Tims emotionale Bindung zu seiner Mutter aufgrund ihrer jahrelangen Übung den Vater schlechtzureden, wahrscheinlich bei weitem nicht so stark ist, wie sie angenommen hat. Das heißt: Judith wurde zwei Mal bestraft – einmal durch die Erfahrung mit ihrem früheren Mann selbst und ein zweites Mal durch die von ihr verursachte Reaktion ihres Sohnes.

Das aber kann niemand ernsthaft wollen.

Denken Sie deshalb daran, dass Nestwärme in Ihrer Patchwork-Familie nur auf freiwilliger Basis entstehen kann. Kinder in einen »Goldenen Käfig« sperren zu wollen, um sie von den ungünstigen Einflüssen der Vergangenheit abzuschirmen, geht in den allermeisten Fällen schief. Es schadet den Kindern und Ihrem Verhältnis zu den Kindern. Daher müssen Sie Ihrem/r Ex-Partner/in die Möglichkeit eröffnen, seine/ihre Kinder regelmäßig zu sehen und dazu sollten Sie feste Besuchszeiten definieren und organisieren.

Fünf Tipps zur Organisation der Besuchszeiten:

1. Verständigen Sie sich mit dem leiblichen Vater bzw. der leiblichen Mutter Ihrer Kinder über regelmäßige Besuchszeiten, die nach Möglichkeit immer und zuverlässig eingehalten werden. So erleichtern Sie den Kindern ihr »Leben in zwei Welten« und unterstützen sie dabei, sich mit der Zeit an einen festen Rhythmus zu gewöhnen.

   »Besuchskinder« stürzt das Ritual des Abholens und Wiederbringens nicht selten in Loyalitätskonflikte in ihrer Zuneigung zu den leiblichen Eltern. Fahren beispielsweise Barbara und Mark zu ihrem Vater nach Hause, so fühlen sie ein schlechtes Gewissen, ihre Mutter »alleine« zu Hause zu lassen. Kommen sie wieder zurück, ist besonders bei Mark das Bedauern über den Abschied von seinem Vater groß. Darüber berichtet rückblickend der heute 35-jährige Georg: »Jedes Mal, wenn mich mein Vater wieder bei meiner Mutter abgesetzt hat und wir uns im Auto oder vor der Haustür verabschiedeten, war es, als ob ich die Trennung der Eltern noch einmal erleben würde. Jedes Mal war es wie ein kleiner Stich und jedes Mal, als ich in die Wohnung zu meiner Mutter zurückkehrte, sah sie mich so komisch an – so, als ob sie prüfen wollte, ob sich etwas in mir verändert hatte. Dieses schlechte Gefühl bei der Abholung und bei meiner Rückkehr hat sich erst ganz langsam gegeben, als ich älter wurde.«

Was hilft in dieser Situation? Diese Geschichte zeigt, dass beide Elternteile ihren Kindern klar und deutlich sagen müssen, dass sie beide damit einverstanden sind, wenn sich ihre Kinder beim jeweiligen Elternteil aufhalten, ja, dass sie das sogar begrüßen. Zudem müssen beide den Kindern mitteilen, dass sie sich keine Sorgen machen sollen und dass sie sich nicht etwa verletzt fühlen, wenn sich die Kinder beim ehemaligen Partner aufhalten. Natürlich erfordert das ein gewisses Maß an Großzügigkeit, vielleicht auch innere Distanz zu sich selbst, wenn die Trennung vom früheren Partner unerfreulich war und man ansonsten keinerlei Rücksicht mehr auf diesen Menschen nehmen würde. Aber es geht um das Wohl der Kinder und auch die Überlegung sollte eine Rolle spielen, dass sich ein Kind, dem ein Elternteil wissentlich vorenthalten wird, in der neuen Situation niemals wirklich wohl und geborgen fühlen wird. Spätestens in seiner Pubertät, wenn es auf die Suche nach seiner eigenen Identität geht, wird das Kind die Erwachsenen in seiner Familie mit seinen Fragen konfrontieren – und, im wahrsten Sinn des Wortes, deren Verhalten in Frage stellen.

2. Nehmen Sie sich Zeit bei der organisatorischen Abwicklung der Besuchszeiten. Ein Verhalten nach dem Motto »Ich muss noch schnell die Kinder bei meinem Ex abgeben« vermittelt den Kindern den Eindruck, wie unnütze Gepäckstücke hin- und hergeschoben zu werden.

In aller Regel finden die Besuchszeiten an Wochenenden, Feiertagen und in den Schulferien statt. Wenn die Erwachsenen in der Patchwork-Familie selbst ihre Freizeit mit den Kindern genießen wollen, beanspruchen die außerhalb stehenden Elternteile ihr Recht und holen die leiblichen Kinder ab oder – in den seltensten Fällen – besuchen sie an ihrem neuen Wohnort. Das bringt manchmal Stress und Hektik, auf jeden Fall aber Organisationsaufwand in den Familienalltag, der nicht zu vermeiden ist und von den Erwachsenen akzeptiert und gemanagt werden muss.

3. Die Kinder sollten auch im Haushalt ihres zweiten Elternteils, den sie regelmäßig besuchen, nach Möglichkeit einen eigenen Bereich (am besten ein eigenes Zimmer) haben. Dort können sie persönliche Sachen deponieren und fühlen sich so weitaus mehr zu Hause als in einer Wohnung, in der nichts an ihre Existenz und ihre Besuche erinnert.

4. Von großer Bedeutung für die Kinder ist es, dass auch Stiefvater oder Stiefmutter die Besuchs- und Abholzeiten akzeptieren und nicht etwa beleidigt sind, wenn Kinder ihren leiblichen Elternteil außerhalb der Patchwork-Familie regelmäßig sehen wollen. Sie dürfen sich nicht zurückgestoßen oder abgelehnt fühlen: Das wäre eine wirklich »kindische« Reaktion! Im Gegenteil: Als Stiefvater oder Stiefmutter muss ich akzeptieren, dass Kinder *ein Recht* auf ihre leiblichen Eltern haben und einsehen, dass ich Kindern nichts Gutes tue, wenn ich versuche, dieses Recht zu umgehen oder außer Kraft zu setzen.

Der neue Elternteil in der Patchwork-Familie sollte deshalb genügend Einfühlungsvermögen und Takt aufbringen, Kinder nicht negativ zu beeinflussen, um etwa Besuche bei einem leiblichen Elternteil zu hintertreiben. Auch muss er wissen, dass dies der Stabilität der Patchwork-Familie schaden würde.

5. Bei getrennt lebenden Paaren mit Kindern gibt es häufig Streit über die Gestaltung der Besuchszeiten. Der Elternteil, bei dem die Kinder den normalen Alltag verbringen, fühlt sich oft zurückgesetzt oder »ausgenützt«, weil die Kinder beim »Besuchsvater« oder der »Besuchsmutter« in der Regel viel unternehmen und »Freizeit« gestalten. Zu Hause jedoch müssen die Dinge des täglichen Lebens bewältigt werden, da stehen Hausaufgabenbetreuung, das Aufräumen des Kinderzimmers und Fahrradreparaturen auf der Tagesordnung. Beide Elternteile sollten versuchen, aufeinander zuzugehen: Der besuchte Elternteil sollte nicht nur verwöhnen und Events vorbereiten, sondern auch die Schularbeiten betreuen, und der Elternteil, der den Alltag organisiert, sollte auch die Möglichkeit haben, etwas Besonderes mit den Kindern zu unternehmen.

So deuten Sie die Signale der Überforderung

Zugegeben: Auch wenn Sie all das beherzigen und mit viel gutem Willen alles dafür tun, dass der Start Ihrer neuen Familie gut klappt und Sie den Fokus auf das Wohlbefinden der Kinder legen, können diese trotzdem unerwartet und heftig reagieren. Seien Sie nicht zu enttäuscht! Schrauben Sie Ihre Erwartungen an das Maß an Harmonie und Übereinstimmung in Ihrer Patchwork-Familie von Beginn an lieber nicht zu hoch – Sie sind nicht alleine! Wir haben in der Zeit des Entstehens dieses Buches zahlreiche Internetportale und Chatrooms (vgl. S. 175) besucht, um uns ein aktuelles Bild über die wichtigsten Diskussionspunkte und Probleme von Patchworkern zu machen, und um Berichte aus der Praxis zum Stoff dieses Buches beizusteuern. Und wir waren nicht überrascht, festzustellen, dass die überwiegende Zahl der Beiträge um das Verhalten der Kinder und die richtige bzw. angemessene Reaktion des Elternpaars kreist.

So teilt beispielsweise *Sonny* der Patchwork-Gemeinde mit: »Ich kann gar nicht beschreiben, wie einfühlsam ich meiner Meinung nach mit dem Sohn meines Lebensgefährten umgehe. Aber der 13-jährige Junge macht es mir wirklich nicht leicht. Wir haben viel miteinander gesprochen, ich helfe ihm bei den Hausaufgaben, gehe mit ihm seine Sportsachen kaufen und bin viel mehr für ihn da als sein Vater. Aber trotzdem gelingt es mir nicht wirklich, an ihn näher heranzukommen. Ich habe einfach das Gefühl, dass er mich komplett ablehnt und mich dafür verantwortlich macht, dass sein Vater seine Mutter verlassen hat, obwohl das lange vorher passiert ist, bevor wir uns kennengelernt haben. Der Junge ist oberflächlich in Ordnung und benimmt sich gut, aber er ist kalt, das fühle ich. Ich weiß wirklich nicht mehr weiter, und ich habe das Gefühl, dass langsam auch die Beziehung zu meinem Lebensgefährten darunter leidet. Mist, aber ich bin einfach nur traurig, dass es mir nicht gelingt …«

Flo antwortet auf den Beitrag von *Sonny*: »Wie geht dein Mann mit der Situation um? Lässt er das laufen oder unternimmt er was dagegen? Entscheidend ist doch, dass der Junge spürt und gesagt bekommt, dass dein Partner zu dir steht, ohne dass der Junge zu kurz kommt. Ich kenne die Situation, weil mein Sohn (12) auch so auf meine neue Partnerin reagiert hat. Allerdings noch viel stärker – von wegen ›gutes Benehmen‹ und so. Meiner hat ein Teil ihrer Kleidung aus dem Schrank geholt und mit Senf beschmiert. Nur ein Beispiel. Wenn Birgit nicht so gut im Nehmen wäre, wären wir heute nicht mehr zusammen. Gott sei Dank haben sich seine Reaktionen gebessert und er kann jetzt lockerer damit umgehen, dass Birgit meine Partnerin ist …«

Eine *Lydia B.* schaltet sich ein:»Oi, oi, das ist hart, aber mir auch sehr bekannt. Bei uns sind es aber eher die Mädchen, die uns immer wieder überraschen. Wir leben seit einem halben Jahr in einer gemeinsamen, sehr großen Wohnung, wo wir uns auch einmal ganz gut aus dem Weg gehen können. Ich habe meine zwei Kinder (Mädchen und Junge) mitgebracht, mit denen es eigentlich überhaupt keine Probleme gibt. Die sehen ihren Vater regelmäßig und gehen gut damit um. Bei den Mädchen von meinem Mann aber kommt es, wenn die am Wochenende bei uns sind (unter der Woche leben sie bei seiner Ex-Frau), immer wieder zu richtigen Eifersuchtsattacken gegen mich. Seine Kleine (9) kann es zum Beispiel immer noch nicht verkraften, wenn ich ihrem Vater auch nur ein bisschen zu nahe komme. Wir haben uns schon abgewöhnt, uns vor den Kindern einen Kuss zu geben. Und seine größere Tochter (12) hat mich einmal allen Ernstes gefragt: ›Was willst du eigentlich hier? Das ist unser Papa!‹ …«

Ja,»Was willst du eigentlich hier?« – Das sind drei, wir meinen typische Beispiele, die stellvertretend für viele Kommentare und Beiträge stehen mögen, in denen Erwachsene sich gegenseitig ihr Herz ausschütten, weil ihre Beziehung zu den Kindern des Partners nicht so gelingt, wie sie sich vorstellen und wünschen oder weil die eigenen Kinder »über-reagieren«. – Reagieren sie wirklich »über«? Nein, sie reagieren normal und kindgerecht, manche heftiger als andere, aber alle reagieren normal. Normal, weil sie als Kinder von den Erwachsenen fordern, dass doch bitte alles so bleiben möge, wie es bisher war, dass sich die leiblichen Eltern doch bitte wieder liebhaben und wieder zusammengehen sollen, dass die Sicherheit und Geborgenheit, die sie in der Regel in ihrer Ursprungsfamilie gefühlt haben, wiederhergestellt werden sollte, und dass dieser fremde Mensch, der plötzlich in ihrem Leben steht und offensichtlich dafür verantwortlich ist, dass die Eltern nicht mehr zusammenleben, doch gefälligst wieder verschwinden soll. Aus der Perspektive der Kinder betrachtet ist dieses Verhalten wirklich normal und es sollte Erwachsene weder wundern noch verärgern, sondern ihnen ein augenfälliges Zeichen für die Überforderung von Kindern sein.

So reagieren Sie richtig auf Überforderung

An anderer Stelle dieses Buches haben Sie vom »untrüglichen emotionalen Sensorium« (vgl. S. 81) der Kinder gelesen. Wenn Sie Ihre Kinder genau beobachten, wissen Sie, was damit gemeint ist: Kinder haben eine sehr feine »Nase« für ihre Umgebung – für das Verhalten ihrer Mitmenschen, ihre Gefühle und Stimmungen. Kindern bleibt kaum etwas verborgen – weder die Worte zwischen den Zeilen, die Erwachsene bewusst nicht aussprechen aber meinen, noch die feinen Schwingungen in der Stimme eines Erwachsenen, die das Gesagte wahrhaftig, unglaubwürdig oder ironisch werden lassen. Kinder sind authentisch, d. h. beispielsweise, dass sie von einem Kind, das mitteilt, dass es traurig ist, in aller Regel auch tatsächlich annehmen können, dass es traurig ist und mit einer Situation nicht zurechtkommt und nicht etwa, dass es ihnen »vormacht« traurig zu sein, um ein bestimmtes Ziel zu erreichen. Kinder, vor allem jüngere Kinder bis zu einem Alter von etwa zehn Jahren, haben noch nicht gelernt, die Realität zu filtern und nur das zu akzeptieren, was ihnen behagt und anderes zu verdrängen oder wegzuschieben. Und Kinder haben noch nicht gelernt, so filigran wie Erwachsene mit der Lüge umzugehen, zu täuschen (sich selbst oder andere), zu tricksen, Fallen zu stellen, Tatsachen zu verdrehen und den Mitmenschen Dinge vorzugaukeln. Kurzum: Sie sind unverdorben, unverstellt und gehen in aller Regel ihren klaren Weg. Erst nach und nach lernen sie, Kompromisse zu schließen und, bildlich gesprochen, Kurven in Kauf zu nehmen, um ein begehrtes Ziel auf Umwegen zu erreichen, weil dies erfahrungsgemäß besser vor Niederlagen und Verletzungen schützt – und weil es, in der Sprache der Erwachsenen, einfach »cleverer« ist, nicht immer alles zu sagen, was man auf dem Herzen hat. Ja, Kinder müssen sich, wie man so schön und zugleich entlarvend sagt, »die Hörner abstoßen«, auf die sie uns bis dahin so klar und deutlich nehmen, wenn sie, kindgerecht eben, nichts anderes als die Wahrheit sagen.

Sie sagen jedoch in den allermeisten Fällen nicht nur die Wahrheit (falls einmal nicht, merken das Erwachsene, die sie gut kennen, sofort), sie nehmen auch an, dass Erwachsene – zumal ihre eigenen Eltern oder nahe stehende Bezugspersonen – immer die Wahrheit sagen. Deshalb bedeuten Kindern die Worte ihrer Eltern und Bezugspersonen für gewöhnlich sehr viel mehr als uns Erwachsenen, die wir alle unsere Erfahrungen mit Blendern, Aufschneidern, Lügnern, Intriganten und Schwätzern machen. Und wenn ein Kind nichts sagt, obwohl wir Erwachsene genau fühlen, dass es eigentlich etwas von Bedeutung aussprechen will, es aber nicht tut, weil es eventuell befürchtet, dass das Unausgesprochene uns verletzt oder wütend machen könnte (wie in *Sonnys* Beispiel) – dann ist das auch eine Botschaft. Wahrscheinlich kann *Sonnys* 13-jähriger Stiefsohn seine wahren Gefühle nicht in Worte fassen, da er innerlich noch nicht wirklich bereit ist, auf die Partnerin seines Vaters zuzugehen, da er eventuell in einem tiefen Loyalitätskonflikt zwischen seiner leiblichen Mutter und *Sonny* steckt.

Und offensichtlich haben *Flo* und seine Partnerin Birgit die Gefühle und die Ängste, die die Trennung der leiblichen Eltern und die neue Beziehung des Vaters in seinem Sohn zunächst auslösten, unterschätzt. So gibt *Flo* heute an andere Betroffene etwas mit, das er selbst erfahren und lernen musste: dass er seinen Sohn nicht so gut auf die neue Situation vorbereitet hatte und dass dieser nur mit Panik, Aggression und Zerstörungswut (»Geh weg, deine Kleider haben in unserem Schrank nichts verloren!«) reagieren konnte. Und wir sind uns auch nicht sicher, ob Lydia B., die große Akzeptanzprobleme mit den Töchtern ihres Partners hat, die Sache richtig sieht, wenn sie von »Eifersuchtsattacken« der Mädchen schreibt. Offenbar empfindet sie selbst die Kinder als »Konkurrenten« um die Zuneigung ihres Lebenspartners, da sie berichtet, dass sie sich dem Vater der Kinder kaum nähern könne.

Noch einmal zurück zum »untrüglichen emotionalen Sensorium«: Kinder spüren, ob das, was Sie als Erwachsener sagen, richtig und »echt« ist oder, ob sie es situativ und mit dem Ziel äußern, etwas zu erreichen. Manipulationsversuche helfen bei Kindern deshalb recht wenig: In den wenigsten Fällen erreichen Sie etwas mit »Bestechung«. So hilft es kaum, ein Kind mit Geschenken und Zärtlichkeiten zu überschütten und ihm vorzuspielen, für Sie als Stiefvater oder Stiefmutter sei es der bedeutendste Mensch auf der Welt. Natürlich führt auch das Gegenteil – Drohungen, Härte oder ein burschikoses Auftreten (»Wenn du dich nicht in die neue Situation fügen willst, dann mach doch, was du willst. Mir ist das egal«) – in die Irre und nur zu einer Verhärtung der Lage.

Interpretieren und beurteilen Sie deshalb das Verhalten von Kindern nicht falsch, sondern denken Sie im Gegenteil daran, dass ihre Handlungen in der Regel unverfälscht und authentisch sind, und dass sie auf ihre eigene Art und Weise so ihre Überforderung mit einer Situation ausdrücken. So verbergen sich hinter Aggression im Normalfall Verzweiflung und Trauer, hinter Eifersucht Verlustängste und ein Gefühl der Zurücksetzung und hinter einem scheinbar teilnahmslosen Schweigen oder Kälte ein großer Loyalitätskonflikt. Wollen Sie einem Kind, das solche »Symptome« zeigt, wirklich helfen und damit die Entwicklungsperspektiven ihrer Patchwork-Familie verbessern, so denken Sie bitte an folgende Regeln.

Sechs Grundregeln für eine
kindgerechte Kommunikation:

1. Fragen Sie immer nach der Ursache des Verhaltens. Wenn das Kind darüber spricht, macht es sich die eigenen Reaktionen bewusst und erhält die Chance, sie zu verändern. Es sollte möglichst nichts unausgesprochen bleiben. Starke Konflikte können nicht totgeschwiegen werden; sie werden zu einem unsichtbaren Damoklesschwert, das die Situation immer mehr vergiftet.

2. Sagen Sie ehrlich, was Sie denken und erwarten, sagen Sie ehrlich, was Ihnen gefällt und was Ihnen nicht behagt.

3. Zeigen Sie Wege auf, gemeinsam etwas zu verbessern. Dazu gehören eventuell auch leibliche Elternteile, die zu Gunsten aller Beteiligten auf ein Kind einwirken können.

4. Zeigen Sie Zuverlässigkeit in Ihrer Beurteilung eines Verhaltens und verfahren Sie nicht nach dem Prinzip »Heute so und morgen so«.

5. Bieten Sie Ihre Freundschaft an, ohne sich anzubiedern oder zu schnell zu viel Entgegenkommen zu erwarten.

6. Räumen Sie Kindern viel Zeit ein und zeigen Sie möglichst keine Ungeduld.

Fazit oder: Was wir Ihnen raten möchten

Unterschätzen Sie nicht das Feingefühl von Kindern. Gehen Sie beizeiten auf ihre Wünsche und Ansprüche ein und beziehen Sie die Kinder in Ihre Überlegungen und Entscheidungen ein.

Rechnen Sie als neues Elternteil in einer Patchwork-Familie nicht damit, sofort »mit offenen Armen« empfangen zu werden. Bedenken Sie vielmehr, dass »Arbeit« vor Ihnen liegt, wenn Sie das Vertrauen der nicht leiblichen Kindern gewinnen wollen.

Machen Sie niemals den Versuch, einem Kind den leiblichen Elternteil vorzuenthalten oder zu entziehen.

Regeln Sie den Umgang des Kindes und die Besuchszeiten mit Ihrem früheren Partner.

Zeigen Sie sich dem Kind gegenüber nicht als wankelmütig in Ihren Entscheidungen, sondern immer als zuverlässig. Nur so wachsen Vertrauen und Geborgenheit.

»Hausordnung« für Erwachsene

Menschen, die es gewöhnt sind, alleine zu leben, bekommen häufig und schnell ein Problem mit ihrer Akzeptanz gegenüber anderen Menschen, wenn ihnen diese zu dicht und zu lange auf die eigene Pelle rücken. Sie können sich meist nur schlecht darauf einstellen, den Raum ihrer Wohnung mit einem anderen zu teilen und fühlen sich schnell gestört, wenn plötzlich ein weiterer Mitbewohner das Bad gemeinsam mit ihnen nutzt oder in der Küche hantiert, während sie zum Beispiel in Ruhe vor dem Fernsehgerät sitzen wollen. Aber auch in der Beziehungs- oder Familiensituation sind es oft die ganz alltäglichen Probleme, die an die Nerven gehen können und zu Konflikten führen. Ist der Eine beispielsweise schlampig und unordentlich veranlagt und hält überhaupt nichts davon, nach dem Kochen den Herd zu säubern und das Geschirr abzuwaschen, der Andere hingegen schätzt Ordnung, ein stets blitzblankes Ceranfeld und eine aufgeräumte Küche, dann wird es unweigerlich zu Konflikten kommen. Beide fühlen sich unwohl: Der Eine, weil ihm das Geputze und Aufgeräume wie ein Verlust an Lebensqualität erscheint, und der Andere, weil es ihm auf die Nerven geht, in einem so unordentlichen Umfeld leben zu müssen.

In jedem Fall müssen Kompromisse geschlossen und Lösungen miteinander erarbeitet werden, wenn sich jemand nicht auf Dauer unwohl fühlen und es nicht zu ständigen Auseinandersetzungen oder gar zum großen Knall kommen soll. Für das Zusammenleben in einer Patchwork-Familie, die im Durchschnitt mehr Kinder betreut als eine Normalfamilie (in einer Normalfamilie leben nach dem Mikrozensus 1996-2004 des Statistischen Bundesamtes im statistischen Durchschnitt 1,66 Kinder)[14], gilt dies umso mehr. Hier geht es, besonders aufgrund der spezifischen Situation der Kinder nicht ohne Vereinbarungen und Regeln, die einen Rahmen für das alltägliche Zusammenleben schaffen.

Hierzu ein Beispiel:
Jörg und Susanna sind beide von ihren früheren Ehepartnern geschieden und leben mit den Kindern Jeanette (14), Henry (12) und Juri (10) in einer Patchwork-Familie. Jeanette und Henry sind Susannas Kinder, Juri stammt aus Jörgs Ehe. Er hatte sich

14. Vgl. Statistisches Bundesamt Wiesbaden (Hg.): Leben und Arbeiten in Deutschland, Sonderheft 1: Familien und Lebensformen. Ergebnisse des Mikrozensus 1996–2004.

mit seiner Ex-Frau darauf geeinigt, Juri zu sich zu nehmen, während seine beiden weiteren leiblichen Kinder, die Mädchen Lisa (7) und Laura (5), im Haushalt ihrer Mutter blieben. Jörg und Susanna leben in München und Jörg hat seiner geschiedenen Frau Unterhalt zu zahlen. Das gemeinsame Einkommen der Patchwork-Familie ist nicht so üppig bemessen, dass sich die Familie eine große Stadtwohnung in München leisten könnte. Das Paar wollte jedoch in der bayerischen Landeshauptstadt wohnen, da beide ihren Arbeitsplatz im Stadtgebiet München haben. Deshalb wählten sie zunächst eine gerade noch finanzierbare Vier-Zimmer-Wohnung mit einer Grundfläche von knapp 90 Quadratmetern. Jeanette durfte sich ein eigenes Zimmer einrichten, wogegen sich die beiden Jungen ein Zimmer teilten. Wohnzimmer, Bad und Küche wurden gemeinsam genutzt, das kleine Schlafzimmer behielten sich Jörg und Susanna vor. Rückblickend berichtet Susanna: »Jörg und ich, wir haben wirklich geglaubt, dass wir das große Los gezogen hatten. Wir konnten zusammenleben, so wie wir uns das ausgemalt hatten! Wir hatten eine Wohnung gefunden, was in München alles andere als einfach ist, die groß genug für unsere Familie war und die nicht allzu weit von unseren Arbeitsplätzen lag – und die für die Mutter von Jörgs Mädchen erreichbar war, wenn sie ihre Kinder am Wochenende zu uns brachte. Alles andere war doch ein Kinderspiel, so stellten wir uns das vor …«

Wie sich für Jörg und Susanna zeigen sollte, war das Zusammenleben in ihrer gemeinsamen Wohnung jedoch alles andere als ein »Kinderspiel«, sondern das, wie Susanna weiter erzählt, »pure Chaos«. Henry und Juri kamen in ihrem gemeinsamen Zimmer von rund 18 Quadratmetern Größe überhaupt nicht miteinander zurecht. Susanna:»Es gab nicht nur täglich, sondern stündlich Zoff! Juri ist einer, der seine Regale und Schränke in Ordnung hält, wie der allergrößte Spießer. Ein lieber Kerl, und wir verstehen uns sonst großartig, aber was das betrifft: Katastrophe! Spielzeugautos, Bücher, Computerspiele und CDs stehen in einer Reihe – wie die Zinnsoldaten. Mein Henry dagegen ist ein Schlampfuchs, wie er im Buch steht. Wenn man ihm nicht helfen würde, könnte er glatt in schmutziger Wäsche und allem möglichen Krimskrams ersaufen.« Kurzum: Henry und Juri in einem Zimmer bedeutete Krach – und das in immer kürzeren Abständen. Nach drei Monaten war Susanna bereits so weit, Juri zu gestatten, sich eine eigene kleine Ecke im elterlichen Schlafzimmer einzurichten, um wenigstens in Ruhe und Beschaulichkeit seine Schularbeiten erledigen zu können. Keine Ermahnungen, kein sanfter oder stärkerer Druck auf Henrys Einstellung zu Ordnung und Sauberkeit hatten Besserung gebracht. Im Gegenteil: Susannas Sohn verlegte seine Kreise immer häufiger ins Zimmer von Jeanette, die ihrerseits, wie Susanna kopfschüttelnd berichtet,»einen Schreikrampf bekam, wenn sie von der Schule nach Hause kam und ihren Bruder lesend auf ihrer Couch vorfand, der zu allem Überfluss vielleicht auch noch in den Sachen eines pubertierenden Mädchens gewühlt hatte.«

Noch komplizierter und nervenaufreibender wurde es jedoch, wenn Jörgs Mädchen zu Besuch kamen.»Das war in der Anfangszeit jedes Wochenende, denn Jörg hatte unheimlich Angst davor, den Kontakt zu seinen Mädels zu verlieren. Und seiner Ex-Frau war es ganz recht, weil sie dann auch einmal Zeit für sich selbst hatte. Bei uns aber brach dann das totale Chaos aus«, erzählt Susanna. Kein Wunder: Fünf Kinder und zwei Erwachsene – in einer Vier-Zimmer-Wohnung war das einfach zu viel.

Susanna:»Jörg hatte für sich und seine Mädels keine Rückzugsmöglichkeit und keinen Moment Ruhe. Wenn die drei im Wohnzimmer lagen und fernsehen wollten, dann dröhnte entweder die Stereoanlage von Henry oder Jeanette telefonierte im Flur lautstark und dauer kichernd mit einer Freundin. Ständig gingen die Türen auf und zu, ein ständiges Hin und Her und Kommen und Gehen. Saß ein Kind im Bad auf der Toilette, dann klopfte hundertprozentig in der nächsten Sekunde ein anderes, weil es auch dringend musste. Es kam so weit, dass Jörg und ich, obwohl wir beide bestimmt nicht nervös oder intolerant sind, uns jeweils ein oder zwei Kinder schnappten – Jörg immer öfter nur seine Mädels – und irgendwo in die Stadt verschwanden, um einmal ruhig durchzuatmen.«

Susanna lacht: »Jörg hat unsere Wohnungssituation damals als ›Nahkampfzone‹ bezeichnet, und ich habe mich mehr als einmal dabei ertappt, dass ich es nach den Wochenenden so richtig genoss, zur Arbeit zu fahren, wo ich ein eigenes Büro für mich habe. Da konnte ich dann die Tür zumachen und niemand störte mich.«

Die Wohnung als »Nahkampfzone«: Nein! Susanna und Jörg sahen schließlich ein, dass diese Situation nicht haltbar war und sie eine größere Wohnung brauchten, wenn sie den Frieden in ihrer Familie nicht aufs Spiel setzen wollten. Sie machten sich auf die Suche, und da diese größere Wohnung nicht in der Stadt zu finden war, zogen sie in eine kleine Gemeinde im Münchner Umland. Dort konnten sie für die gleiche monatliche Belastung ein altes Haus mieten. Susanna: »Wir hatten es gerade einmal ein halbes Jahr in der Stadtwohnung ausgehalten und es wäre mit uns sicher nicht gut gegangen, wenn wir weiter unter diesen Voraussetzungen gelebt hätten.«

Jörgs und Susannes Erlebnisse in München zeigen beispielhaft, dass die Größe der Wohnung, in der eine Patchwork-Familie lebt, gewiss eine wichtige Voraussetzung für das Zusammenwachsen der Familienmitglieder ist. Selbstverständlich ist es manchmal leichter gesagt als getan: »Nehmt euch doch eine größere Wohnung«! Viele Patchwork-Familien sind finanziell nicht auf Rosen gebettet, da Unterhaltsansprüche von früheren Partnern befriedigt werden oder Altschulden abgestottert werden müssen. Und auch die Zahl der Kinder kann natürlich von Haus aus das Portemonnaie belasten. Gleichwohl ist immer Eines zu raten: Wenn Sie mit Ihren Finanzen kalkulieren und abwägen, ob Sie mit Ihrer Familie lieber einmal so richtig in den Urlaub fahren oder sich prinzipiell eher eine größere Wohnung leisten sollten – wählen Sie unbedingt die zweite Variante! Ein »Tapetenwechsel« in gewissen Abständen tut bestimmt allen gut und fördert das Zusammenwachsen, eine Wohnung oder ein Haus aber, in dem jedes Kind ein eigenes Zimmer hat, ist von weitaus größerer Bedeutung. Überlegen Sie: Ferien genießen alle nur zwei oder drei Wochen, eine gute Wohnsituation aber, in der man sich von Fall zu Fall aus dem Weg gehen und, wenn man will, am Leben der anderen teilhaben kann, genießen alle die ganze Zeit. Darüber hinaus muss das Elternpaar in der Patchwork-Familie daran denken, dass es die spezifische Situation der Kinder durch die Trennung von leiblichen Elternteilen mit den damit einhergehenden psychologischen Problemen nachgerade erfordert, dass genügend Raum für alle Familienmitglieder vorhanden ist, um sich auch einmal alleine oder mit anderen zurückziehen und nachdenken zu können.

Was nach dieser grundsätzlichen Voraussetzung für das Zusammenleben noch zur »Hausordnung« der Erwachsenen gehört, ist die Definition von Regeln des Zusammenlebens mit Kindern:

1. Jedes Kind in der Familie verdient den gleichen Respekt. Seine Gewohnheiten und seine Wünsche stehen auf der gleichen Stufe wie die der anderen Kinder. Jedes Elternteil sollte sich bemühen, keinen offensichtlichen Unterschied zwischen den eigenen und den Kindern des Partners zu machen.
2. Wenn sich ein Elternteil mit seinen Kindern zurückziehen möchte, muss es diese Möglichkeit haben.
3. Bei der Gestaltung der Wohnsituation (Einrichtung, Aufteilung der Zimmer, Verteilung von Aufgaben und Zuständigkeiten) hat jedes Kind ein Recht zu Mitsprache und Mitentscheidung. Die Kinder haben sich ihre Lebenssituation nicht

ausgesucht, sondern die Erwachsenen haben darüber entschieden. Deshalb sollten die Wünsche der Kinder vor allem auch auf derselben Stufe wie die der Eltern stehen.

Von Paschas und Glucken

Wenn Sie sich zur Gründung einer Patchwork-Familie entschieden haben, müssen Sie Eines wissen: Nichts ist mehr so wie früher, nichts geht mehr seinen »gewohnten« Weg, und es werden viele neue Erfahrungen auf Sie zukommen. Das bedeutet für Sie selbst und Ihre eigenen Gewohnheiten, dass Sie das, was Sie in Ihrer Ursprungsfamilie für ganz selbstverständlich und richtig hielten, auf den Prüfstand stellen müssen. Wir wollen uns bei diesem Thema nicht allzu lange aufhalten, jedoch nicht versäumen, darauf hinzuweisen, dass Sie – ebenso wie die Kinder – gezwungen sein werden, ihre eigene Rolle neu zu definieren.
Was heißt das?
Sie füllen nach wie vor die Rolle als Elternteil aus, das ist richtig. Ihre Elternrolle hat sich jedoch stark verändert, wenn Sie beispielsweise jetzt Kinder mitbetreuen, die nicht ihre leiblichen Kinder sind. Deren Haltung, Ihnen und Ihrer Erwachsenenrolle gegenüber, wird, wie ausführlich beschrieben, im Regelfall eine völlig andere sein als die Erwartungen Ihrer eigenen Kinder. Sie müssen Ihre neue Rolle also finden und im Einverständnis mit allen anderen Beteiligten neu definieren. Deshalb sollten Sie nicht den Fehler machen, Ihre in der Ursprungsfamilie eingeübte Elternrolle auf die neue Familiensituation einfach übertragen zu wollen. Das wird kaum funktionieren. So können Sie nicht erwarten, dass Sie Ihre bisherige Rolle als *pater familias* – wir setzen vereinfachend voraus, dass Sie in einer traditionellen Familienform gelebt haben – weiterhin so ausfüllen können wie bisher. Vom »Stief« wird unausgesprochen

erwartet, dass er Eigeninitiative entwickelt, Interesse an seinen nicht leiblichen Kindern zeigt und mit Einfühlungsvermögen auf die neue und schwierige Situation der Kinder reagiert. Ein Verhalten nach dem (offensichtlich auch heute noch verbreiteten) Rollenklischée eines »Paschas«, der das selbstverständlich akzeptierte Oberhaupt der Familie sei und auf den nach seinem vollbrachten Tagwerk alle Familienmitglieder Rücksicht zu nehmen hätten, würde zwangsläufig scheitern. Ganz im Gegenteil: Die Rolle als Vater müssen Sie schon »erarbeiten«, diese wird Ihnen keineswegs zugebilligt, sondern erst einmal hinterfragt werden.

Ebenso verhält es sich mit der Rolle als Mutter. Auch wenn wir in unserer modernen Welt weit davon entfernt sind, die Mutterrolle zu glorifizieren, hat die Liebe einer Mutter zu ihren Kindern doch eine eigene Qualität, die Attribute wie »selbstlos« und »aufopferungsvoll« in vielen Fällen auch heute noch als richtig erscheinen lassen. Dabei kann sich das biologisch determinierte positive Verhalten allerdings auch ins Gegenteil verkehren und ein »Zuviel« werden, wenn eine Mutter – aus welchen Gründen auch immer – ein Kind nicht loslassen kann und mit der wenig schmeichelhaften Bezeichnung »Glucke« etikettiert wird. Kurzum: Auch der weibliche Elternpart in der Patchwork-Familie muss seine Rolle neu finden und definieren und die »Stief« darf sich nicht wundern, wenn ihre Rolle als Mutter für nicht leibliche Kinder erst einmal hinterfragt wird. Machen Sie sich deshalb nichts vor: Die Kinder Ihres neuen Partners erwarten in aller Regel von Ihnen keinesfalls »Übermutterung«. Was sie viel eher und äußerst aufmerksam registrieren, ist Ihr Verhältnis zu ihrem Vater. Wenn beide neuen Elternteile ein offensichtlich glückliches und zufriedenes Miteinander vorleben, dann fällt gerade einer Stiefmutter der Aufbau einer guten Beziehung zu nicht leiblichen Kindern leichter – bei allem Sand, den Ex-Partner und deren Verwandtschaft von außen auch in das Getriebe der neuen Familie bringen wollen.

Lassen Sie sich auf Neues ein

Wohl jeder Mensch hat in seinem Leben schon eine Situation erlebt, in der er sich fühlt, als wäre er am Ende – und es würde nicht mehr weitergehen. So erzählt beispielsweise Jan:»Claire und ich haben geheiratet, da standen wir beide kurz vor dem Examen. Wir waren schon einige Jahre zusammen und planten, eine Familie zu gründen. Ich denke, in dieser Zeit ist keiner von uns jemals auf den Gedanken gekommen, dass uns einmal irgendetwas oder irgendjemand trennen könnte. Alles war so klar und einfach. Ich jedenfalls hatte ein Gefühl, als ob alles, unser Weg und unsere Zukunft, vorherbestimmt seien – und sich einfach nichts anderes ergeben könnte. Und wir bauten ja auch beide kräftig an dieser Zukunft: Wir kauften eine Wohnung, wir bekamen zwei Kinder, ich hatte das Glück, einen guten Job zu finden und reichlich Geld zu verdienen. Claire kümmerte sich einstweilen um die Kinder und wollte, nachdem Kai und Jana eingeschult waren, auch eine Arbeitsstelle suchen. Wir hatten das Glück, dass meine damaligen Schwiegereltern am Ort wohnten und auch des Öfteren auf die Kleinen aufpassen konnten. Deshalb hatte sich Claire schon bei einigen Firmen umgetan, um ihre spätere Berufstätigkeit vorzubereiten und jobbte hie und da auch schon ein bisschen. Plötzlich eröffnete sie mir, dass ich vielleicht doch nicht ihr ›Mann fürs Leben‹ sei und sie jemand anders kennengelernt habe, der ihr sehr viel bedeute …«

Kein Wunder, dass Jan sich an diesem Tag und an vielen weiteren danach fühlte, als »habe man mir den Boden unter den Füßen weg gezogen«. Wut über den »Verrat«, Trauer und Schmerz über den Verlust der Familie, denn die Kinder konnten aufgrund seiner Berufstätigkeit nicht bei ihrem Vater bleiben, und ein »wahnsinniges Gefühl des Verlorenseins« brachten Jan an den Rand der Verzweiflung:»Ich konnte mir damals beim besten Willen nicht vorstellen, dass ich noch einmal zu jemand Vertrauen fassen und mich auf eine neue Beziehung einlassen würde.«

Jans Geschichte, so schlimm sie auch für ihn selbst war, ist eine alltägliche Geschichte. Sie geschieht in millionenfachen Variationen. Und das, was er sich in den Monaten vor und nach seiner Trennung niemals hatte vorstellen können, passierte dennoch. Jan verliebte sich bis über beide Ohren in eine andere Frau und lebt heute mit deren zwei Kindern aus erster Ehe und einem weiteren aus seiner zweiten Verbindung in einer neuen Familie. Seine Kinder aus der Ehe mit Claire sind regelmäßig bei ihm zu Besuch und Jan berichtet:»Ich muss sagen, es funktioniert, nein, es läuft sogar sehr gut.«

Was Jan erlebt hat, hat ihn »reifer« werden lassen. Das heißt vor allem:»Ich habe lernen müssen, dass nichts selbstverständlich ist, dass das Leben nicht einfach für dich etwas bereithält, das du dir nehmen kannst. Du musst selbst etwas dafür tun.« Was er selbst dafür tun musste, das ist Jan heute klar:»Ich war bestimmt noch ein oder sogar eineinhalb Jahre nach der Scheidung von Claire sehr verschlossen und verspürte überhaupt keine Lust, irgendetwas von außen an mich heranzulassen. Ich kann mich an diese Zeit nur als eine Zeit der wahnsinnigen Arbeit erinnern. Ich habe Tag und Nacht gearbeitet und bestimmt mehr gemacht, als gut für mich war. Aber das war meine Art, damit fertig zu werden.« Jan konnte auch nicht über das reden, was in ihm vorging. Seine Eltern, Freunde oder seine Schwester »bissen sich die Zähne aus. Ich war wie eine Auster«. Irgendwann aber war die »Auster« so weit, sich wieder zu öffnen. Jan berichtet:»Was seltsam war, ich weiß das heute noch ganz genau, war dieses Gefühl, das sich fast wie von einem Tag auf den anderen einstellte. Das war ein Gefühl der absoluten Freiheit, so, als ob die Berge von einem abfallen. Ja, ich fühlte mich frei, obwohl ich wegen meiner ziemlich großen finanziellen Verpflichtungen eigentlich alles andere als frei war. Aber ich kam mir vor wie einer, der Bäume ausreißen und den nichts aus der Bahn werfen kann. Es war wie eine unvermittelte Euphorie. Und da lief mir plötzlich Isabella über den Weg, mit ihren zwei Mädchen, die dasselbe erlebt hatten wie ich.«

Jan bezog nach einigen Monaten mit seinem »Drei-Mädels-Haushalt« eine große Wohnung und erfuhr, dass das Leben neue Dinge für ihn bereithielt, die er zuvor nicht erahnt hatte: »Ich kenne nicht wenige Männer, die auf dem Standpunkt stehen, sie würden nie mit einer Frau mit Kindern zusammenleben wollen. ›Fremde Kinder‹, wie man so sagt.«

Jan aber begriff, dass das Zusammenleben mit Isabella und ihren Töchtern Mia und Marlies keine zusätzliche Belastung darstellte, sondern im Gegenteil ganz neue Chancen eröffnete. »Ich bin ein hundertprozentiger Familienmensch«, weiß Jan, »und ich mag die Atmosphäre einer lebendigen Wohnung. Ich kann daran teilhaben, wie sich Isabellas Kinder entwickeln und ich kann erleben, wie es ist, wenn mein Sohn Kai und meine Tochter Jana am Wochenende und in den Ferien mit uns zusammen sind. Dazu kommt unsere kleine Laura. Das bedeutet wirklich Leben.«

»Leben« bedeutet für Jan darüber hinaus, dass er sich verändert hat. Früher war er, seiner eigenen Beschreibung zufolge, eher »ein Typ, der sich nicht sonderlich für das Leben von anderen interessierte und sein ›eigenes Ding‹ machen« wollte. Heute jedoch ist er neugieriger und begreift seine breite familiäre Basis als Chance und Gewinn: »Da sind meine eigenen Kinder mit ihren Erlebnissen und Geschichten, an denen du Anteil hast, da ist die Kleine, über deren erste Schritte du dich freust, und da sind Isabellas Mädchen mit ihren Großeltern, Tanten und Onkels und Freunden.«

Es ist schon interessant: Viele Berichte von Patchworkern vermitteln bei allen grundsätzlichen Problemen mit ehemaligen Ehepartnern und alltäglichen Schwierigkeiten, auch das positive Gefühl der Großfamilie, ein Gefühl von Nestwärme und einer Form des Geborgenseins in einem weiten Familienkreis mit seinen zahlreichen Mitgliedern. Und das ist doch eigentlich ziemlich exakt der Gegenentwurf zum Modell der Kleinfamilie in einer »modernen« Gesellschaft, in der alle Zeichen auf das größtmögliche Maß an individueller Freiheit und Unabhängigkeit stehen ...

Fazit oder: Was wir Ihnen raten möchten

Ihre Patchwork-Familie braucht ausreichend Wohnraum. Planen Sie bei der Auswahl einer geeigneten Wohnung deshalb nicht zu knapp und verzichten Sie lieber auf andere Annehmlichkeiten.

Versuchen Sie nicht, antrainierte Verhaltensweisen aus früheren Beziehungen auf Ihre neue Familie zu übertragen.

Da in einer Patchwork-Familie verschiedene Familienstränge zusammenwachsen sollen, ist Rücksichtnahme auf andere »Kulturen« und eventuell ungewohnte Verhaltensweisen wichtig. Versuchen Sie nicht, stets eigene Ansichten und Muster durchzusetzen.

Neues zu erfahren, ist keine Belastung, sondern ein Gewinn.

Beschränken Sie nicht die Freiheit von Familienmitgliedern, die sie zu ihrer Entfaltung benötigen.

»Hausordnung« für Kinder

Kinder brauchen Regeln und Kinder brauchen Grenzen. Das ist in einer Patchwork-Familie nicht anders als in einer »Normal«- oder »Ursprungs«-Familie. Beinahe möchte man sagen: umso mehr in einer Patchwork-Familie, weil hier häufig mehr Kinder als in anderen Familienformen und vor allem auch Kinder verschiedener Altersstufen zusammenleben. Für Patchworker ist es deshalb wichtig, ihren Kindern altersgerecht und frühzeitig Rücksichtnahme und Verständnis für andere Familienmitglieder beizubringen und ihnen auch die reichhaltigen Chancen zu vermitteln, die ein Zusammenleben dieser Art bietet. Viele Erfahrungen zeigen nämlich, dass Kinder, deren Trennungsschmerzen, Verlustängste und Loyalitätskonflikte zwischen leiblichen und nicht leiblichen Elternteilen gut aufgearbeitet wurden, von einer »kinderreichen« Situation ausgesprochen stark profitieren können:

- Sie wachsen nicht auf sich alleine und lediglich die eigenen Bedürfnisse bezogen auf; ihr Horizont weitet sich;
- sie haben im günstigsten Fall mehrere gleichaltrige Spielgefährten;
- sie lernen frühzeitig zu teilen (Spielmaterial, Zeit und Aufmerksamkeit);
- sie lernen, Rücksicht auf die Kleineren in der Familie zu nehmen;
- sie lernen früher, im Verbund mit anderen Kindern in der Familie, eigene Interessen gegenüber den Erwachsenen zu formulieren, nachdrücklich zu vertreten und gegebenenfalls durchzusetzen;
- sie profitieren von den Erfahrungen und Erlebnissen älterer Kinder im Familienverbund;
- sie setzen sich mit anderen Familiengeschichten und Beziehungsformen auseinander. Das macht reich, nicht arm.

Neben diesen zahlreichen Chancen, die sich für Kinder in der Patchwork-Familie ergeben können, die wir unter dem Begriff der sozialen Kompetenz zusammenfassen, sollten die Erwachsenen gewisse Regeln in einer Art »Hausordnung« formulieren. Dazu gehören:

- Respekt und Höflichkeit gegenüber allen Familienmitgliedern – Erwachsene und Kinder;
- Rücksichtnahme auf die Wünsche und Bedürfnisse anderer – Erwachsene und Kinder;
- Eigeninitiative zeigen: Mithilfe bei der Hausarbeit in den oft großen Familien – dabei kann jedes Kind eine eigene Aufgabe und Verpflichtung übernehmen, die es eigenverantwortlich erledigen muss (Stefan trägt immer den Müll raus, Susanne ist für die Sauberhaltung der Hasen- und Meerschweinchenbox zuständig etc.)

»Mein« und »Dein«

Wenn es zwischen kleineren, oder, im selteneren Fall, auch größeren Kindern zum Streit kommt, spielen oft Rangeleien um Spielzeug, Sportgeräte oder Kleidung eine Rolle. Die Unterscheidung zwischen »Mein« und »Dein« müssen Kinder frühzeitig lernen, da es ja auch in unserer Erwachsenenwelt durchaus sanktioniert wird, wenn einer meint, sich vom anderen ungefragt etwas »ausborgen« zu können. In der Patchwork-Familie, in der mindestens zwei unterschiedliche Familienstränge aufeinandertreffen, kommt diesem Thema aber eine besondere Bedeutung zu, die Elternteile nicht unterschätzen dürfen. Warum?
Kinder verbinden, viel intensiver als Erwachsene, mit persönlichen Besitztümern wie beispielsweise Spielsachen ihr persönliches Erleben und ihre Erinnerung. Yvonne erzählt: »Meine Tochter ist heute 15 Jahre alt. Sie weiß zu meiner Überraschung

noch heute sehr genau, dass ich ihr einmal ein ganz bestimmtes Stofftier von einer Auslandsreise mitgebracht habe. Genauso kann sie sich daran erinnern, dass ihr Vater, mein früherer Mann, ihr zum siebten Geburtstag einen Kinderschminkkoffer geschenkt hat oder ihr einmal kurz vor einem gemeinsamen Sommerurlaub einen albernen Strohhut mit rosa Schleife mitgebracht hat.«

Das ist ganz natürlich, da Kinder ja in ihren Eltern etwas ganz Besonderes sehen: Es sind die ersten und, zumindest bis zur Pubertät, die wichtigsten Bezugspersonen. Natürlich sind auch die Kinder gemäß ihrer Anlagen unterschiedlich – die einen horten und pflegen ihr Eigentum in ihren Schränken und Regalen, die anderen gehen relativ großzügig und unordentlich damit um und trennen sich leichter von Spielsachen. Erfahrungen von Patchworkern zeigen jedoch, dass gerade in der ersten Phase nach der Gründung der neuen Familie viele Kinder ganz besonders darauf achten, dass ihre persönlichen Habseligkeiten nicht in die Hände der »Konkurrenz«, der Kinder des anderen Familienstranges, geraten. So kann die Unachtsamkeit des Elternpaars regelrechte Eifersuchtskatastrophen hervorrufen, wenn sich ein Kind das geliebte Stofftier aus dem Zimmer des Halbgeschwisters greift und damit spielt. Kein Wunder, da vielleicht gerade dieser Teddy und ihre Besitzerin eine wichtige gemeinsame Geschichte verbindet: Er ist möglicherweise ein Weihnachtsgeschenk des leiblichen Vaters oder der Oma.

Achten Sie deshalb immer darauf, dass alle Kinder in der Familie die persönlichen Dinge der anderen respektieren. Wütende, gekränkte und beleidigte Über-Reaktionen von Kindern, wenn es um den Umgang mit ihrem Eigentum geht, sind nicht »albern« oder »überempfindlich«, sondern normal. »Mein« und »Dein« der Kindern auseinanderhalten und gegenseitig respektieren: Das ist in der Patchwork-Familie offensichtlich von noch größerer Bedeutung als in anderen Familien.

Fazit oder: Was wir Ihnen raten möchten

Nehmen Sie Kindern nicht die zusätzlichen Chancen, die eine Patchwork-Familie bieten kann: Neue Erfahrungen mit nicht Gleichaltrigen, die ihren Horizont erweitern. Lassen Sie den Kindern freie Hand, ihre Rollen selbst neu zu finden.

Unterschätzen Sie nicht die Rolle, die persönlicher Besitz für Kinder spielen kann. Dabei geht es weniger um den materiellen, sondern um den immateriellen Wert von Dingen, die sie eventuell von einem leiblichen Elternteil als Geschenk erhalten haben. Kinder sollen zwar lernen zu teilen, doch ihrem persönlichen Besitz in Patchwork-Familien kann darüber hinaus auch ein symbolischer Wert zukommen. »Mein« und »Dein« sollte in bestimmten Situationen deshalb stärker beachtet werden.

Halten Sie die Kinder an, selbst kleine Aufgaben zu übernehmen und regelmäßig zu erledigen. Nehmen Sie ihnen nicht die Möglichkeit, Eigeninitiative zu zeigen.

Basis: Nestwärme

Der Zoologe, Psychologe und Verhaltensforscher Vitus B. Dröscher schrieb in seinem 1984 erschienenen und sehr beachtenswerten Buch »Nestwärme – Wie Tiere Familienprobleme lösen«[15]: »Der Schlüssel zu einer Welt voller Liebe ist die Liebe der Mutter zu ihrem Kind. Wo sie sich dem jungen Leben versagt, kann es das Glücksgefühl, geliebt zu werden, nicht erfahren, nicht anderen angedeihen lassen und es nicht später,

15. Vgl. Dröscher, Vitus B.: Nestwärme. Wie Tiere Familienprobleme lösen. Deutscher Taschenbuchverlag, München, 1984.

inzwischen selber Mutter oder Vater geworden, den eigenen Kindern weitervermitteln. So dringt der Frost in das Gemeinschaftsleben unserer Zivilisation und bringt Unglück in die Welt.«

»Oh je«, sagen Sie, »da hebt einer den Moralfinger« ... oder: »Ist so etwas eigentlich noch zeitgemäß?«

Wir denken: Nein, das hat nichts mit moralinsauer zu tun – und ja, das ist sehr wohl zeitgemäß. Negativ über Dröschers Definition von »Nestwärme« zu urteilen, hieße zu verkennen, dass die Zahl der psychologischen Studien über die Bedeutung der Nestwärme für Kinder Legion ist. Es gehört heute zum sozialpädagogischen und familientherapeutischen Standardwissen, dass das Gefühl von Geborgenheit und Liebe, das ein Kind während seines Heranwachsens erlebt, später durch nichts zu ersetzen ist. Freilich gilt auch nicht der Umkehrschluss, dass etwa ein Kind, das wenig oder gar keine Nestwärme erfahren hat, zum Übeltäter geboren wäre und eventuelle Schandtaten im Laufe des Lebens damit entschuldigen könnte. Und: »Zeitgemäß«? Mark Twain, der Schöpfer von »Huckleberry Finn und Tom Sawyer« meinte einmal: »Der Zeit angemessen, meiner Zeit angemessen, ist das, was mich glücklich macht, und nicht das, was andere mir als Glück verordnen ...«

Was aber hat es mit der Nestwärme genau auf sich? Kann Nestwärme lediglich in einer Normalfamilie vermittelt werden?

Michael, ein heute 40-jähriger Facharbeiter erinnert sich an seine Kindheit:»Mein Vater ist nach einem Arbeitsunfall gestorben, als ich elf Jahre alt war. Es war sehr schwer für meine Mutter, die meinen zwei Jahre jüngeren Bruder und mich jetzt alleine durchbringen musste. Ich weiß noch gut, dass wir vor dem Tod meines Vaters eine ziemlich perfekte Situation zu Hause hatten. Es gab keinen Streit zwischen Vater und Mutter, nur neckisches Geplänkel. Sie verstanden sich wirklich gut. Meine Mutter konnte streng sein, aber sie hat mich immer aus allem herausgehauen. Der Vater hat davon wenig erfahren, weil er oft auf Montage war. Wenn es Stress in der Schule gab, ist sie wütend zu den Lehrern gelaufen. Ich konnte ausgefressen haben, was ich wollte, sie hat immer zu mir gehalten. Das war bestimmt auch nicht immer richtig so, aber es hat mir und meinem Bruder, der eigentlich viel mehr anstellte als ich, Rückhalt gegeben. Daran hat sich auch später nichts geändert, und wir hatten materiell auch noch einmal ziemlich Glück, weil sie zwei Jahre nach dem Tod meines Vaters wieder heiratete. Ihr neuer Mann hat uns bald danach adoptiert, und mein Bruder und ich haben ihn eigentlich ziemlich schnell als unseren zweiten Papa akzeptiert. ›Schuld‹ daran hatte größtenteils aber unsere Mutter, die uns immer das Gefühl gab, zu Hause zu sein. Das Wichtigste für sie war immer, und das ist heute noch so, Frieden in der Familie zu halten, sich gegenseitig zu unterstützen und füreinander da zu sein, besonders dann, wenn es einmal nicht so läuft.«

Michael beschreibt mit seiner Kindheitserinnerung beinahe so etwas wie die Idealvorstellung von Nestwärme:

• Füreinander da sein und eintreten, in guten und in schlechten Zeiten,
• Rückhalt bieten in allen Situationen,
• Auffangen, wenn es einmal nicht so läuft,
• Verteidigen und helfen, wenn jemand in Schwierigkeiten ist,
• Verstehen, wo andere nicht verstehen,
• Frieden halten, weil man zusammengehört.

Kindern ein Gefühl von Nestwärme vermitteln zu können hängt aber sicher nicht davon ab, ob die Kinder in einer Ursprungs- oder in einer Nachfolge-Familie leben. Das liegt ganz und gar an den Erwachsenen, die das Familienleben gestalten und die Atmosphäre des Zusammenlebens wesentlich prägen. Nestwärme hat wenig mit »Übermutterung« oder mit »Verhätschelung«

zu tun, sondern vor allem mit Zuverlässigkeit und einem Gefühl, das Michael treffend mit einem Bild beschreibt: »Ich war
nie ohne Netz. Meine Familie ist mein Netz.« Zugleich bezeichnet Michael damit unbewusst die zentrale Herausforderung einer Patchwork-Familie: Ziel des Elternpaars sollte es sein, nicht
nur eine Fortsetzungs-Familie zu konstruieren, die »funktioniert« und die Lebensgrundlagen und Bedürfnisse ihrer Mitglieder managt, die die Ressourcen fair verteilt und die Teilhabe aller am Leben organisiert, sondern den Kindern auch
Geborgenheit, Sicherheit und ein Wohlgefühl vermittelt. Dieses Ziel zu verwirklichen ist alles andere als einfach: Viele Berichte von Patchworkern künden von den zahlreichen Problemen, die auf diesem Weg gelöst werden müssen. Und es ist
gewiss auch kein Ziel, das gleich in den ersten beiden Phasen
nach der Gründung der Familie ernsthaft anvisiert werden kann.
Doch auch eine Patchwork-Familie kann eigentlich keine andere Grundidee verfolgen, als Nestwärme zu vermitteln und ein
Zuhause zu schenken.

Die Stabilität der Patchwork-Familie

Die Stabilität der Patchwork-Familie ist so groß wie die Stabilität Ihrer neuen Lebenspartnerschaft. Hinsichtlich der Entwicklung einer Patchwork-Familie spricht die sozialpädagogische Li-
teratur (hier: Ingrid Friedl und Regine Maier-Aichen)[16] von fünf
Entwicklungsaufgaben:

1. Die neue Partnerschaft muss gefestigt werden, da sie eine der
   wesentlichen Faktoren für das Funktionieren der Familie ist.

16. Vgl. Friedl, Ingrid/Maier-Aichen, Regine: Leben in Stieffamilien – Fami-
    liendynamik und Alltagsbewältigung in neuen Familienkonstellationen.
    In: Otto, Hans-Uwe; Thiersch, Hans (Hrsg.): Edition Soziale Arbeit. Ju-
    venta Verlag, Weinheim und München, 1991.

2. Die Beziehung der Kinder zum außerhalb des Haushalts lebenden Elternteil muss konstruktiv gestaltet werden, um das System zu stabilisieren.
3. »Rigide Dreieckskonstellationen« müssen verhindert werden. Darunter versteht man z.b., dass das neue Elternpaar gegenüber einem zweiten leiblichen Elternteil gemeinsame Sache macht oder dass sich ein Kind und sein leiblicher Elternteil außerhalb der Familie gegen den neuen Partner stellen.
4. Die elterlichen Rollen des neuen Elternpaares müssen neu definiert werden.
5. Und schließlich sollte auch das gesamte soziale System außerhalb der Patchwork-Familie (Verwandte beider Familienstränge und Freunde) in das Familiensystem integriert werden.

Interessanterweise wird die Stabilität der neuen Partnerbeziehung in den Vordergrund gestellt. Das ist logisch, denn sie steht am Anfang jeder neuen Familie. Sie ist deren Keimzelle. Und sie ist unbedingt das Vorbild für das Zusammenwachsen aller Familienmitglieder. Die Kinder orientieren sich daran, was ihnen vorgelebt wird. Wir haben an anderer Stelle dieses Buches bereits darüber gesprochen. Jetzt wollen wir es noch detaillierter tun. Das Erscheinungsbild des Elternpaars wird von folgenden Merkmalen geprägt:

- Wie formulieren die Erwachsenen ihre Gefühle in der Zweierbeziehung?
- Wie kommen sie außerhalb der Zweierbeziehung an?
- Wie lösen sie Meinungsverschiedenheiten und Konflikte untereinander?
- Wie lösen sie Meinungsverschiedenheiten und Konflikte der Kinder?
- Welche Atmosphäre vermittelt das Elternpaar?

Deshalb sollte das Elternpaar in der Patchwork-Familie die folgenden Regeln beachten. Sie tragen entscheidend für das Gelingen der Patchwork-Familie bei.

Fünf Regeln für das Elternpaar:

1. Wenn zwischen dem erwachsenen Elternpaar keine ausreichend tiefe emotionale Basis und Verbindung vorhanden ist, wenn die Liebe also nicht groß genug ist (was bei einem Zusammengehen zweier Menschen vor dem Hintergrund einer derart bedeutenden Entscheidung wie der Gründung einer Patchwork-Familie eigentlich vorauszusetzen ist), kann es diese auch nicht »in die Familie transportieren«. Mit anderen Worten: Die Konstellation ist aus Sicht der Kinder wenig glaubhaft. Denn diese fragen sich ja unwillkürlich: Warum hat sich mein Vater von meiner Mutter bzw. meine Mutter von meinem Vater getrennt, wenn er bzw. sie sich in dieser neuen Konstellation augenscheinlich auch nicht besonders glücklich und zufrieden fühlt? Was sollte das Ganze also? Unbenommen ist natürlich, dass jede Liebe bei emotional »normal« veranlagten Menschen wächst – durch die gemeinsame Lösung von Problemen und die Bewältigung des Alltags. Gleichwohl ist es für die Kinder – offensichtlich in jeder Patchwork-Familie – von ganz entscheidender Bedeutung, wie glaubhaft und mit welcher Qualität sich ihnen die Erwachsenenbeziehung bereits zu Beginn der neuen Familie darstellt. Denken Sie an dieser Stelle an das »untrügliche emotionale Sensorium« der Kinder!

2. Darüber hinaus müssen die Kinder die Stabilität der Partnerbeziehung des Elternpaares nicht nur emotional erfahren können, sondern sie sollte auch artikuliert werden. So hat Jan seinen Kindern explizit gesagt, dass er Isabella liebt. »Muss das sein?«, »Das ist doch meine ganz persönliche Sache«, »Die Kinder spüren das doch ohnehin«, »Ich rede doch

nicht über meine Gefühle«, »Das ist mir zu aufgesetzt«: Diese Einwände sind verständlich, aber – falsch. Die Patchwork-Familie benötigt ein Committment, das in den Augen der Kinder mit aller dafür benötigten Zeit diese Konstellation rechtfertigt!

3. Deshalb achten die Kinder intuitiv sehr genau darauf, wie Meinungsverschiedenheiten zwischen dem neuen Elternpaar gelöst werden und machen so die Probe aufs Exempel: Wenn sie sehen und erfahren, dass Konflikte über alltägliche Probleme, zum Beispiel zwischen ihrer leiblichen Mutter und dem Stiefvater, ruhig und vernünftig und auf der Grundlage eines stabilen Selbstverständnisses behandelt und gelöst werden, und sie dies mit Erfahrungen aus der Ursprungsfamilie vergleichen, in der es eventuell ständig Streit zwischen Vater und Mutter gab, werden sie die neue Konstellation schneller als vorteilhaft und legitim erfahren.

4. Von ebenso großer Bedeutung ist für die Kinder die Beobachtung, wie stark die emotionale Bindung des neuen Elternpaars bei der Bewältigung von Konflikten ist, die durch die Kinder ausgelöst werden. Auch hier machen sie alltäglich und meist unbewusst die Probe aufs Exempel und erhalten Antworten auf folgende Fragen:
Ziehen die Eltern an einem Strang, wenn Entscheidungen Kindern gegenüber vermittelt und gegebenenfalls auch durchgesetzt werden müssen?
Bevorzugt ein Elternteil eventuell die Wünsche und Bedürfnisse seiner leiblichen Kinder und macht es der andere Elternteil darauf aufmerksam?
Ändert sich dadurch – im Konsens – das Verhalten des einen Elternteiles?

5. Schließlich ist es aus Sicht der Kinder und aus ihrem Blickwinkel auf die neue Familiensituation entscheidend, welche Atmosphäre in der Familie vorherrscht. Lebt das Elternpaar eine harmonische Beziehung vor und prägt dadurch den Fa-

milienalltag? Werden Konflikte vernünftig und möglichst fair gelöst? Versuchen die Eltern, die Teilhabe aller an den vorhandenen Ressourcen und Lebenschancen fair zu organisieren? Existiert ein »Wohlfühlklima«, gibt es »Nestwärme« – oder herrschen Streit, Kampf zur Durchsetzung eigener Interessen oder gar untergründig schwelende Konflikte vor?

Die Stabilität der Partnerschaft der neuen Eltern ist für das Gelingen der Patchwork-Familie also wirklich *die* entscheidende Voraussetzung. Von ihr hängt alles Weitere ab.

Dabei spielt ein Charakteristikum vieler Paarbeziehungen in einer Patchwork-Konstellation eine wichtige Rolle, über die sich das neue Elternpaar häufig erst mit der eigentlichen Gründung eines gemeinsamen Haushaltes und dem Erleben des Alltags klar wird: Die Erwachsenen leben nicht selten in einem unterschiedlichen Lebenszyklus, sie haben oft einen relativ großen Altersunterschied. Dazu heißt es bei Friedl und Maier-Aichen: »Die Partner müssen lernen, in mehreren verschiedenen Zyklus-Stufen gleichzeitig zu leben und zu funktionieren. Bisweilen durchlaufen sie die Phasen nicht in ihrer gewöhnlichen natürlichen Reihenfolge, z. B. wenn eine junge ledige Frau einen Vater mit heranwachsenden Kindern heiratet und dadurch ohne ein allmähliches Hineinwachsen in ihre Rolle mit der Aufgabe konfrontiert ist, in einer seit langem etablierten Familie zu leben und mit jugendlichen Kindern umzugehen anstatt die meist unbeschwerte kinderlose Anfangszeit einer ersten jungen Ehe zu genießen.«

Die geschilderte Situation ist unter Patchworkern offensichtlich weit verbreitet. Zwar gibt es keine zuverlässige Statistik über den jeweiligen Altersunterschied des Elternpaars in Patchwork-Familien, viele Erlebnisberichte und Statements betroffener Familien weisen jedoch darauf hin, dass die Konstellation »Mann mit heranwachsenden Kindern heiratet jüngere ledige Frau« verhältnismäßig häufig ist. Dann kann von einer »teilweisen« oder »zeitlich begrenzten« Patchwork-Familie gesprochen werden, die

sich an Wochenenden und in Schulferien bildet, wenn der Mann die gemeinsamen Kinder aus der Wohnung der geschiedenen Ehefrau in seinen neuen Haushalt holt. Neben dieser Konstellation bildet offenbar die »echte« oder »dauerhafte« Patchwork-Familie, bei der beide Elternteile Kinder aus einer ersten Verbindung mit in die neue Beziehung bringen, den Standard. In beiden Fällen jedoch, bei der »teilweisen« wie auch bei der »dauerhaften« Patchwork-Familie, mit einem relativ großen oder einem geringeren Altersunterschied der Partner, haben die Erwachsenen das Problem, »dass sie in der Regel keine ausgedehnte Paarphase haben, keine sorglose Phase der Verliebtheit, in der sie sich ausschließlich einander zuwenden können. Schon in der Zeit des Kennenlernens sind die Kinder beteiligt, machen ihre Ansprüche geltend und die Erwachsenen müssen sie in ihre Beziehung mit einbeziehen. Das führt dazu, dass die Entwicklung von Paarbindung und Familienbindung gleichzeitig – und nicht wie in Kernfamilien zeitlich aufeinander folgend – unter einen Hut gebracht werden muss, oder – wie das auch manchmal geschieht – dem einen oder dem anderen Priorität eingeräumt wird.«[17]
Gerade aus diesem Grund ist die gemeinsame Zeit, die dem neuen Elternpaar zur Verfügung steht, von so großer Bedeutung. »Auszeiten« von der Familie, die sich das Elternpaar ausschließlich für sich selbst reserviert (ein gemeinsamer Kinobesuch o. Ä.) sind deshalb unverzichtbar. Niemals wirklich alleine zu sein und die Paarbeziehung leben zu können, bedeutet eine große Belastung für die Erwachsenen und reduziert ihre Chancen, eine stabile Beziehung zu entwickeln, die ihrerseits Voraussetzung für das Gelingen der Patchwork-Familie ist.
So erinnert sich Isabella an die erste Begegnung mit Jan und an die frühe Phase ihrer neuen Familie: »Als ich Jan kennenlernte, war ich mit meinen Töchtern Mia und Marlies in der Stadt

---

17. Vgl. Friedl, Ingrid / Maier-Aichen, Regine: Leben in Stieffamilien, Juventa Verlag, Weinheim und München, 1991.

unterwegs. Er aber war alleine, und ich erfuhr erst einige Zeit später, dass er eigene Kinder hat und wie seine Geschichte gelaufen war. Wir konnten es so arrangieren, dass wir uns ein paar Wochen alleine trafen, ohne dass die Kinder Bescheid wussten. Eine Freundin passte in meiner Wohnung auf die Mädchen auf. So verliebte ich mich in Jan und der Wunsch oder die Idee, mit ihm und seinen Kindern zusammenzuleben, entstand. Wenn ich ihm gleich zu Anfang begegnet wäre, und er hätte seine Kinder dabei gehabt ... Ich weiß nicht, ob das alles so gekommen wäre. Mia und Marlies nahmen mich sehr in Anspruch und ich spürte bei Jan oft den Wunsch, mit mir alleine zum Beispiel einmal in den Urlaub zu fahren. Aber das ging in den ersten Monaten überhaupt nicht. Wenn Jan nicht Jan wäre, also ein Mann, der Kinder sehr gerne mag und überhaupt nicht zur Eifersucht neigt, wenn Mia beispielsweise nicht einschlafen konnte, und ich abends wieder einmal eine Stunde alleine in ihrem Zimmer mit ihr verbrachte, dann denke ich nicht, dass es zwischen Jan und mir in der Anfangszeit so funktioniert hätte. Jetzt aber nehmen wir uns auch schon einmal Zeit nur für uns. Ich habe den Mädchen gegenüber kein schlechtes Gewissen mehr, denn sie haben Jan auch akzeptiert und haben fast keine Angst mehr, wenn wir einmal alleine weg sind.«

Fazit oder: Was wir Ihnen raten möchten

Achten Sie auf so genannte »rigide Dreieckskonstellationen« in der Familie. Lassen Sie diese keinesfalls zu.

Unterschätzen Sie nicht Ihre Vorbildfunktion für die Kinder im Verhältnis zu Ihrem Partner. Kinder achten darauf, ob eine funktionierende Partnerschaft auch vorgelebt wird.

Wenn Ihre Partnerbeziehung nicht stabil genug ist, wird auch die ganze Familie darunter leiden.

Unterschätzen sie nicht die Bedeutung von gemeinsamen Zeiten, die ausschließlich für Ihren Partner und für sich selbst reserviert bleiben.

Die Stabilität in der Familie wird durch die Bewältigung von Konflikten auf die Probe gestellt und kann an positiven Ergebnissen wachsen. Kehren Sie Konflikte nicht unter den Teppich.

Reaktionen der Umwelt

Der größere Familienkreis

Wie heißt es (so »schön«)? – »Es kann der Bravste nicht in Frieden leben, wenn's dem bösen Nachbarn nicht gefällt«.
Auch wenn der »Nachbar« in unserem Zusammenhang jemand aus der Reihe der Eltern, Ex-Schwiegereltern, der Geschwister oder einfach »die Öffentlichkeit« ist, böse und/oder dumme Kommentare über eine Patchwork-Familie, die am besten noch die Kinder zu Ohren kriegen, können manchmal das Leben vergällen und Konflikte in die Familie hineintragen. Man kennt die Statements, die so wunderbar schnell dahingesagt und die so hilfreich sind, wenn sie von Leuten stammen, die gerne über andere herziehen und ihre Vorurteile kultivieren: »Eltern, die sich trennen, handeln unverantwortlich; ihre Söhne und Töchter laufen Gefahr, sich zu psychischen Krüppeln zu entwickeln; die Familie, die vom gesellschaftlichen Vater-Mutter-Kind-Ideal abweicht, ist zu bedauern und gefährlich obendrein«[18]. Und so weiter, und so weiter.

18. »GEO« (Nr. 03/05) www.geo.de/GEO/kultur/gesellschaft/3495.html.

Das Einzige, was in dieser Situation hilft, ist, mit den Kindern darüber zu sprechen. Dabei bleibt es dem individuellen Einfühlungsvermögen der Eltern überlassen, wie sie Reaktionen der Umwelt ihren Kindern gemäß deren Alter und Entwicklungsstufe erklären. Es ist jedoch sehr wichtig, darüber zu sprechen und die Kinder mit eventuellen negativen Erfahrungen, die sie außerhalb der Familie machen, nicht alleine zu lassen. Nicht nur, dass die Kinder sonst unter einem Zerrbild ihrer familiären Situation leiden und aus einer inneren Unsicherheit heraus eventuell nicht wagen, die Eltern oder den leiblichen Elternteil darauf anzusprechen; es kann auch geschehen, dass sie eine *Ambiguität* entwickeln, die sie die reale Situation in ihrer Familie anders empfinden lassen als das ihnen von außen vermittelte Bild. Beides hat Verunsicherung und Loyalitätskonflikte zur Folge, die ein harmonisches Zusammenwachsen der Patchwork-Familie nicht eben erleichtern.

Zu empfehlen ist hierbei, dass beide Elternteile eine Art Familienaufstellung vornehmen, jedoch nicht im therapeutischen, sondern im darstellerischen Sinn. So könnten die Eltern unserer exemplarischen Patchwork-Familie Tom und Sabine Berger eine Aufstellung gemäß Abbildung 2 (vgl. S. 51) auf ein Stück Papier zeichnen und ihre Geschwister, Onkel, Tanten und Neffen und Nichten nach und nach mit in die Aufstellung integrieren. Barbara und Mark, und in gewissen Grenzen auch Luca, könnten die Beziehungszusammenhänge in der Patchwork-Großfamilie gewiss verstehen und nachvollziehen. Zudem zeigen sich Kinder meist sehr interessiert an Familiengeschichten und an Erlebnissen näherer oder weiterer Verwandter. Der tiefere Sinn einer solchen Aufstellung liegt darin, dass Kinder, die, oft recht phantasiebegabt, »dunkle« Geheimnisse und Mysterien hinter den ihnen unverständlichen Zusammenhängen vermuten, das Netzwerk der Familie begreifen und ihre eigene Position definieren können. Investieren Sie genügend Zeit in eine solche Aufstellung, Ihre Kinder zahlen sie doppelt und dreifach zurück, da sie Ihre Klarheit und Offenheit weniger anfällig für böse Kommentare von außen macht. Und im Übrigen, was bei unerwünschten Kommentaren von außen hilft: D'rüberstehen …

Ex-Partner und Großeltern

Welche Bedeutung *dem* ehemaligen Partner eines Elternteils bzw. *den* früheren Partnern des neuen Elternpaars zukommt, wenn ihre leiblichen Kinder in der Patchwork-Familie leben, das haben wir bereits ausführlich beleuchtet. Alle Experten raten dazu, dies sei an dieser Stelle nochmals ausdrücklich betont, mit dem/der Ex-Partner/in in seiner/ihrer Rolle als Vater oder Mutter feste Regeln für den Umgang mit den leiblichen Kindern zu vereinbaren. Darauf zu hoffen, dass »sich alles schon irgendwie ergibt und in einen festen Rhythmus mündet« – davon raten wir ab. Viele Beispiele beweisen das Gegenteil, und der psychischen Stabilität der Kinder, die ohnehin an Verlustängsten und Loyalitätskonflikten zu knabbern haben, müssen Sie die oberste Priorität einräumen.

Darüber hinaus, auch dies sei noch einmal hervorgehoben, können und dürfen Sie leibliche Elternteile Ihrer Kinder in der Patchwork-Familie nicht ausblenden. Ansonsten erschweren Sie unnötig den Entwicklungsprozess ihrer neuen Familie und/oder es droht in näherer oder ferner Zukunft ein böses Erwachen (vgl. S. 97). Bedenken Sie: Die Wertvorstellungen Ihres Partners, mit dem Sie und Ihre Kinder früher in einem gemeinsamen Haushalt gelebt haben, seine Ansichten und seine Verhaltensmuster, wirken in ihre neue Familie hinein – entweder durch die aktuellen Erfahrungen Ihrer Kinder während der Besuchszeiten oder durch deren Erinnerungen und Assoziationen, wenn sie bei Ihrer Trennung schon in einem »selbst-bewussten« Alter waren. Sie sollten sich keinen Illusionen hingeben, so hart dies im individuellen Fall auch sein mag: Eine Dämonisierung

Ihres ehemaligen Partners kann zu einem Bumerang werden, der Sie durch die Reaktionen Ihrer Kinder selbst ein zweites Mal – möglicherweise sogar noch schlimmer als beim ersten Mal – verletzt. Wenn Sie Ihr neues Glück aufbauen wollen, kann Ihnen das nicht gelingen, wenn Sie versuchen, es auf dem Unglück oder der Missstimmung eines anderen aufzubauen. Ebenso wenig kann es gelingen, Ihre neue Beziehung auf dem eigenen Unglück zu entwickeln, d.h. in einem seelischen Zustand, in dem Sie mit Ihrer Vergangenheit noch nicht in Ruhe abgeschlossen haben und immer noch dabei sind, mit sich und anderen »abzurechnen«. Versuchen Sie deshalb, es ist wirklich nicht leicht dahingesagt, eher zu einem »Moderator« Ihrer Situation zu werden und Ihren Ex-Partner in Ihre neue Situation einzubeziehen. Natürlich zeigen Sie Grenzen auf und natürlich bestimmen Sie ganz wesentlich die Regeln Ihres künftigen Verhältnisses mit, aber Sie geben die Initiative keinesfalls aus der Hand!

Für den Fall aber, dass Sie darum bemüht sind, zum Wohl der Kinder eine gute Situation zu schaffen, sich über Besuchszeiten verständigt haben und Ihren Part zuverlässig erfüllen, Ihr früherer Partner jedoch vor allem mit Unfrieden und Störmanövern antwortet und zum Beispiel versucht, die Kinder gegen Ihre neue Familie in Stellung zu bringen, dann dürfen und müssen sie sogar frühzeitig die Grenzen aufzeigen. Machen Sie unmissverständlich klar, dass Sie dieses Verhalten nicht akzeptieren und versuchen Sie in jedem Fall, sich im Guten darüber zu verständigen und Ihren Ex-Partner zu einer Änderung seines Verhaltens zu bewegen.

Das gilt selbstverständlich auch für die Eltern von ehemaligen Partnern. Häufig versuchen Erwachsene, die jetzt in einer Patchwork-Familie leben, den Kontakt ihrer Kinder zu den leiblichen Großeltern, also den Eltern des früheren Partners, aufrechtzuerhalten. Sie haben sich entweder selbst sehr gut mit ihren Schwiegereltern verstanden oder möchten zumindest ihren Kindern weiterhin die Möglichkeit offenhalten, Oma und Opa zu sehen. Wenn das auch in der neuen Konstellation funktioniert, ist es natürlich nur zu begrüßen. Auch Oma und Opa sollten sich jedoch an die Spielregeln halten und ihre Enkelkinder nicht etwa gegen ihre ehemalige Schwiegertochter oder ihren ehemaligen Schwiegersohn beeinflussen können. Kinder, die außerhalb der Familie mit negativen Informationen gegenüber ihrer neuen Lebensform versorgt werden, tun sich schwer, ihre neue Rolle zu finden.

Die Schule – Lehrer und Mitschüler

Sprechen Sie auch mit den Lehrern Ihrer Kinder und machen Sie diese darauf aufmerksam, dass die Kinder die Trennung und/ oder Scheidung ihrer Eltern verarbeiten mussten und gegebenenfalls jetzt in einer neuen Familienkonstellation heranwachsen. Neben der Familie bildet das schulische Umfeld den zweitwichtigsten Bezugsrahmen im Leben der Kinder. Hier finden oftmals angestaute Emotionen, die die Kinder aus Rücksicht gegenüber den Eltern oder infolge von Verunsicherung zu Hause nicht ausleben, ein Ventil. Lehrer reagieren aufgrund ihrer Verpflichtung, die schulische Ordnung aufrechterhalten und Lehrstoff vermitteln zu müssen, auf Veränderungen im Verhalten von Kindern nicht selten mit Unverständnis. Informieren Sie deshalb zumindest den Klassenlehrer und gegebenenfalls die Schulleitung darüber, dass ihre Kinder aktuell emotional sehr intensiv mit ihrer persönlichen Situation beschäftigt sind und bitten Sie diese um Mithilfe und Unterstützung. So helfen Sie, schlechte Zensuren der Kinder zu vermeiden.

Denken Sie auch an die Reaktionen im Freundeskreis der Kinder. Die Scheidung oder Trennung der Eltern ist in unserer Zeit natürlich nichts Besonderes mehr. Die überwiegende Zahl von Kindern spielt mit Altersgenossen, von denen sie wissen, dass ihre Eltern geschieden sind, dass sie von Mutter oder Vater alleine erzogen werden oder in einer neuen familiären Konstellation leben ebenso gerne wie mit Kindern aus »Ursprungs-Famiien«. Für Ihre Kinder ist es jedoch sehr hilfreich, wenn sie bereits zu einem frühen Zeitpunkt nach Gründung der Patchwork-Familie die Möglichkeit haben, Freunde und Mitschüler mit nach Hause zu nehmen und sich in ihrem neuen Umfeld zu zeigen. Je schneller natürlich und selbstverständlich das Umfeld von Kindern auf die neue Situation reagiert, desto schneller wird sich auch bei Ihren Kindern das Gefühl eines neuen Selbstverständnisses einstellen.

Der rechtliche Rahmen

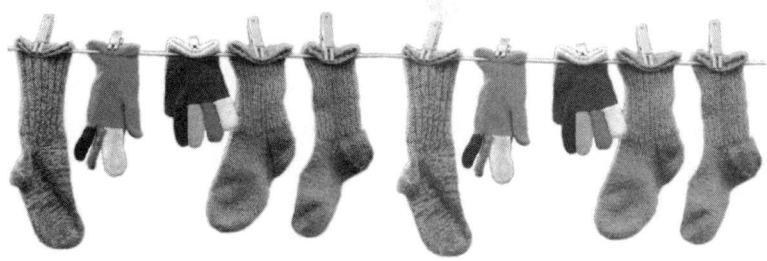

Die familienrechtlichen Grundlagen unserer Rechtsordnung, dazu zählen die allgemeine Stellung der Familie in Gesellschaft und Rechtssystem und im Speziellen die Rechte und Pflichten der Eltern gegenüber ihren Kindern, Sorge-, Umgangs- und Unterhaltsrecht, Adoptions- und Namensrecht und in eingeschränkter Form auch das Erbrecht, sind im Bürgerlichen Gesetzbuch (BGB) festgelegt. Das BGB jedoch, ein Gesetzeswerk mit mehr als 2300 Paragrafen, ist gut ein Jahrhundert alt. Für die rechtliche Situation der Patchwork-Familie findet sich darin keine Regelung. Im Gegenteil: »Die rechtliche Situation der Stiefkinder und ihre Beziehungen zum ›anderen‹ leiblichen Elternteil sind verstreut an vielen Stellen des Bürgerlichen Gesetzbuches geregelt – oder eben nicht geregelt.«[19] Prinzipiell gesehen steht das Bürgerliche Gesetzbuch und die deutsche Rechtsordnung hinsichtlich der familienrechtlichen Regelungen in einem Spannungsverhältnis zwischen dem Grundgesetz einerseits, in dem Ehe und Familie unter den besonderen Schutz der staatlichen Ordnung gestellt werden und einem geltenden Prinzip unserer Rechtsauffassung andererseits, dass Stiefkinder niemals mit ihrem Stiefelternteil verwandt sein können. So er-

---

19. Peschel-Gutzeit, Lore Maria: Stiefkinder und ihre Familien in Deutschland. Rechtlicher Status und tatsächliche Situation. In: www.liga-kind.de.

gibt sich für die Patchwork-Familie ein juristisches Paradoxon: In der Perspektive des Rechtssystems ist sie *keine* Familie, in Wirklichkeit ist sie jedoch *eben schon* eine Familie – wahrhaftig gesehen häufig ebenso wie eine Normalfamilie.

Für die Eltern in einer Patchwork-Familie bringt dieser Umstand ein großes Maß an Rechtsunsicherheit mit sich, zumal gerade während der Entstehung dieses Buches viele für die Rechte und Pflichten leiblicher und nicht leiblicher Eltern sowie für deren unterhaltsrechtliche Versorgung maßgebliche gesetzliche Regelungen vom Gesetzgeber und seinen Institutionen intensiv diskutiert werden und innerhalb Jahresfrist novelliert werden sollen. Dazu zählen insbesondere die Rechtskomplexe Scheidungs-, Sorge- und Unterhaltsrecht. So befasst sich beispielsweise aktuell der Petitionsausschuss des Deutschen Bundestages mit der Regelung des elterlichen Sorgerechts und prüft eine Eingabe an das Parlament, wonach das Sorgerecht für Kinder von verheirateten und unverheirateten Eltern gleich geregelt werden soll, da es Bürger als rechtswidrig empfinden, wenn Mütter von unehelichen Kindern allein darüber entscheiden dürften, wer für die Kinder sorgt. Daher müsse geprüft werden, ob die Gesetze zum Sorgerecht auch vor der Wirklichkeit Bestand hätten. Und, um ein zweites Beispiel zu nennen, steht auch dem deutschen Scheidungsrecht eine wesentliche Veränderung bevor, da nach dem Willen einer Gesetzesinitiative der Großen Koalition in Berlin die Unterhaltsverpflichtungen eines geschiedenen Ehepartners entscheidend zu Gunsten der leiblichen Kinder novelliert werden sollen.

Noch gravierender auf die rechtliche Situation einer Patchwork-Familie allerdings, so muss aus juristischer Sicht festgehalten werden, dürfte sich der Umstand auswirken, dass verschiedene Urteile von Sozialgerichten innerhalb der vergangenen eineinhalb Jahre, besonders im Zusammenhang mit der Gewährung öffentlicher Leistungen wie beispielsweise des Arbeitslosengeldes II, die Begriffe eheähnliche Lebensgemeinschaft und Bedarfsgemeinschaft neu interpretieren. In kaum einem anderen Rechtsbereich schlagen deshalb die Wellen derart hoch wie in der Sozialgesetzgebung und der Sozialgerichtsbarkeit, da mit der Einführung des so genannten Arbeitslosengeldes II die Thematik des Familienrechts im Bereich der finanziellen Versorgung teilweise mit der Sozialgesetzgebung kollidiert. So hat unter anderen ein Urteil des Sozialgerichts Düsseldorf vom 30. September 2005 erheblich für Furore gesorgt. Die Richter in der nordrhein-westfälischen Landeshauptstadt urteilten:»Der Partner einer eheähnlichen Lebensgemeinschaft muss mit seinem Einkommen und Vermögen auch für Kinder des anderen Partners der eheähnlichen Lebensgemeinschaft aufkommen.«[20] Der Hintergrund des Urteils war die Weigerung der Arbeitsverwaltung, die staatliche Leistung aus der Sozialversicherung einer Arbeitslosen zu gewähren, die in einer Patchwork-Familie lebt. Weiter heißt es im Urteil:»Seit Einführung des Arbeitslosengeldes II zum 01. 01. 2005 gilt: Ein erwerbstätiger Hilfebedürftiger hat dann keinen Anspruch auf Leistungen, wenn ein Mitglied seiner Bedarfsgemeinschaft leistungsfähig ist. Zur Bedarfsgemeinschaft zählen auch Personen, die mit dem Hilfebedürftigen in einer eheähnlichen Gemeinschaft leben.«[21] Das Gericht bestätigte in dem in der Rechtssprechung äußerst umstrittenen Fall die Einstandspflicht eines Berufstätigen für die Kinder einer Patchwork-Familie, die sein neuer Lebenspartner mit in die Beziehung eingebracht hatte. Der Deutschen Presse Agentur (dpa) teilte das Gericht darüber hinaus mit, dass seit Einführung des Arbeitslosengeldes II gelte, dass ein Berufstätiger oder Vermögender für seine Patchwork-Familie einstehen müsse. Dagegen hatte beispielsweise das Oberverwaltungsgericht Bremen noch in einem Urteil vom 29. 07. 2005 entschieden[22], dass

20. Quelle PM SG Düsseldorf, Az.: S 35 AS 146/05.
21. ebd.
22. S1 B 197/05, S1 B 231/05.

es keine gesetzliche Grundlage für das Abhängigmachen der Hilfeleistung für Kinder von Personen gebe, die in keinem Elternverhältnis zu den minderjährigen Kindern stehen.

Natürlich spielt in diesem Zusammenhang besonders die Definition einer eheähnlichen Gemeinschaft, die hier auch als (finanzielle, soziale) Bedarfsgemeinschaft zu verstehen ist, eine entscheidende Rolle. Deshalb kam es am 17. Februar 2006 zu einem Beschluss des Landessozialgerichts Nordrhein-Westfalen, wonach von einer eheähnlichen Lebensgemeinschaft in der Regel erst ab einem Zusammenleben von mindestens drei Jahren gesprochen werden kann.[23] Mit dieser Entscheidung reagierte das Gericht auf eine gängige Praxis der Arbeitsverwaltung, die bereits bei geringeren Zeiträumen von einer eheähnlichen Gemeinschaft ausging – in der Regel nach einem Jahr. Fakt jedenfalls ist ab 1. August 2006, dass der Gesetzgeber der Arbeitsverwaltung einen erweiterten Kriterienkatalog bei der Überprüfung der Bedürftigkeit eines Arbeitslosengeld II-Beziehers zur Verfügung gestellt hat. Danach kann die Behörde auch die Dauer der Partnerbeziehung und die Existenz eines gemeinsamen Kontos prüfen. Sollte die Arbeitsagentur zu dem Schluss kommen, dass eine Bedarfsgemeinschaft vorliegt, müssen nun die Betroffenen das Gegenteil beweisen. Bisher lag die Beweislast beim Leistungsträger.

Der Status der Patchwork-Familie hinsichtlich ihrer Rechtssicherheit hat sich, zumindest seit der Novellierung der sie betreffenden Sozialgesetzgebung, demnach also nicht verbessert, sondern im Gegenteil eher noch verschlechtert. Zudem muss durch die unterschiedlichen gerichtlichen und behördlichen Interpretationen der Begriffe eheähnliche Gemeinschaft und Bedarfsgemeinschaft der Eindruck entstehen, dass ein Kernelement der rechtlichen Rahmenbedingungen für die zahlreichen Patchwork-Familien in Deutschland einer höchst individuel-

---

23. LSG NRW, Az.: L 19 B 85/05 AS ER.

len Betrachtungsweise ausgesetzt ist. Offensichtlich geht es dem Gesetzgeber weniger darum, Rechtssicherheit für eheähnliche Lebensgemeinschaften zu schaffen als die Sozialversicherungssysteme zu entlasten. Andererseits zeigen diese Beispiele auch, dass der Klärungsbedarf für die rechtlichen Rahmenbedingungen alternativer Lebensgemeinschaften erheblich zugenommen hat: Die die Patchwork-Familie betreffenden Rechtskomplexe sind dramatisch in Bewegung geraten und es steht deshalb zu vermuten, dass es in nächster Zeit zu einer Reihe wesentlicher Neuregelungen kommt. Bisher jedoch gelten die bestehenden Rahmenbedingungen. Die Autoren dieses Buches stützen sich deshalb selbstverständlich auf das heute gültige Recht, weisen jedoch darauf hin, wenn ihrer Kenntnis und Recherche nach ein wesentlicher Bestandteil von Gesetzen und Verordnungen aktuell überprüft und gegebenenfalls korrigiert werden dürfte. Grundsätzlich ist anzuraten, bei Zweifeln und Fragen hinsichtlich rechtlicher Probleme immer einen Fachanwalt zu konsultieren.

Familienrecht

Die Rechte und Pflichten der leiblichen Eltern und Stiefeltern

Die Rechte und Pflichten des Elternpaares in einer Patchwork-Familie sind anders aufgeteilt als in Kernfamilien. Dem Gesetz nach hat der nicht leibliche Elternteil in der Zweitfamilie keine Rechte und Pflichten gegenüber dem Kind.
Nach derzeit bestehendem deutschem Recht verändert die Gründung einer Patchwork-Familie nichts an der familienrechtlichen Situation des Stiefkindes. Auch weiterhin verbleibt bei

dem Elternteil allein die elterliche Sorge, der bisher *sorgeberechtigt* war. Damit ist der leibliche Vater bzw. die leibliche Mutter der/die gesetzliche Vertreter/in und für alle wichtigen Entscheidungen, die das Kind betreffen, zuständig. Die Stiefeltern besitzen keinerlei elterlichen Rechte oder Pflichten gegenüber dem Stiefkind. Es besteht weder die Pflicht noch das Recht, an der Erziehung und Betreuung des Kindes teilzuhaben, bei den das Kind betreffenden Entscheidungen mitzureden, das Kind gesetzlich zu vertreten, oder einen Beitrag zum Unterhalt des Kindes zu leisten.

Auch nach der Scheidung der Ehe behalten die Eltern im gesetzlich geregelten Normalfall die gemeinsame elterliche Sorge für ihre Kinder. Der Stiefelternteil, in dessen Haushalt das Kind lebt, erhält keine Erziehungsrechte und keine Mitspracherechte, auch wenn er für den Alltag des Kindes von entscheidender Bedeutung ist und de facto Pflichten des abwesenden Elternteils übernimmt.

Grundlagen des Sorgerechts

Die familienrechtlichen Grundlagen können nur ansatzweise auf die Situation einer Patchwork-Familie übertragen werden. Wie gesagt: Das Zusammenleben in einer Ehe und Familie steht unter dem besonderen Schutz des Grundgesetzes, vergleichbare gesetzliche Regelungen für Nachfolge-, Fortsetzungs- oder Stieffamilien, wie auch immer man sie bezeichnen will, existieren nicht, so dass sich die Rechtsprechung bei der Rechtsfindung immer wieder mit Anleihen aus anderen Rechtsgebieten behelfen muss. Hier sind besonders das Vertrags- und Gesellschaftsrecht zu nennen. Interessanterweise fordert das Grundgesetz für die Bundesrepublik Deutschland in Artikel 6, Absatz 5 den Gesetzgeber dazu auf, den Regelungsbedarf für uneheliche Kinder zu befriedigen. Dort heißt es: »Den unehelichen Kindern sind durch die Gesetzgebung die gleichen Bedingungen für ihre leibliche und seelische Entwicklung und ihre Stellung in der Gesellschaft zu schaffen wie den ehelichen Kindern.« In der rechtlichen Praxis gelten hier jedoch die nachfolgenden familienrechtlichen Grundsätze des Bürgerlichen Gesetzbuches.

Rechtliche Grundlagen

§ 1626 BGB Elterliche Sorge:

(1) Die Eltern haben die Pflicht und das Recht, für das minderjährige Kind zu sorgen (elterliche Sorge). Die elterliche Sorge umfasst die Sorge für die Person des Kindes (Personensorge) und das Vermögen des Kindes (Vermögenssorge).

(2) Bei der Pflege und Erziehung berücksichtigen die Eltern die wachsende Fähigkeit und das wachsende Bedürfnis des Kindes zu selbstständigem verantwortungsbewusstem Handeln. Sie besprechen mit dem Kind, soweit es nach dessen Entwicklungsstand angezeigt ist, Fragen der elterlichen Sorge und streben Einvernehmen an.

(3) Zum Wohl des Kindes gehört in der Regel der Umgang mit beiden Elternteilen. Gleiches gilt für den Umgang mit anderen Personen, zu denen das Kind Bindungen besitzt, wenn ihre Aufrechterhaltung für seine Entwicklung förderlich ist.

Für den Alltag in einer Patchwork-Familie sind diese Regelungen fast ohne Belang. Hier leben Menschen gemeinsam unter einem Dach, die häufig nicht miteinander verwandt und sich daher auch nicht gegenseitig verpflichtet sind. Stiefeltern, die einen ernsthaften Beitrag zur Versorgung und Erziehung ihrer nicht leiblichen Kinder leisten wollen, ist deshalb unbedingt anzuraten, sich vom sorgeberechtigten Elternteil eine schriftliche Vollmacht aushändigen zu lassen. Damit ist der nicht leibliche Elternteil beispielsweise berechtigt, schulische Mitteilungen entgegenzunehmen oder an Elternsprechtagen in der Schule teilzunehmen.

Allerdings ist eine Adoption die einzige reale Möglichkeit, rechtlich eine Beziehung zwischen Kind und Stiefvater oder -mutter herzustellen. Mit diesem Schritt verzichten die leiblichen Eltern auf ihre gesetzlich zuerkannten Rechte und Pflichten, die von ihnen dadurch auf die Stiefeltern übergehen. Voraussetzung ist in jedem Fall jedoch, dass das leibliche Elternpaar damit einverstanden ist und eine gerichtliche Bewilligung eingeholt wird. Falls dies möglich ist, erlischt die rechtliche Beziehung zwischen leiblichen Eltern und Kind.

Unterhalt

Viele Patchwork-Familien leiden unter einer notorisch knappen Kasse und müssen mit einer finanziellen Situation zurechtkommen, die sich in der Zukunft nicht verbessert. In den meisten Fällen muss ein Alleinverdiener, meistens der vollerwerbstätige Mann, erhebliche Unterhaltsleistungen an seine geschiedene Ehefrau und Kinder aus erster Ehe leisten. Gesetzlich ist er dazu verpflichtet, Unterhalt an seine Erstfamilie zu bezahlen. Parallel dazu baut er eine neue Familie auf und muss deshalb zwei Haushalte finanzieren. Zudem benötigt eine Patchwork-Familie aufgrund der durchschnittlich größeren Zahl an Familienmitgliedern eine ausreichend große Wohnung, für die der entsprechende Mietzins zu entrichten ist. Wenn sich die Familie vergrößert, das neue Elternpaar bekommt nicht selten noch einmal eigene Kinder, kann in einer Patchwork-Familie deshalb eine große wirtschaftliche Belastung entstehen. Es gibt mehr Esser am Tisch, sei es, dass Stiefkinder im Haushalt leben, sei es, dass sie regelmäßig zu Besuch kommen oder dass die

Familie gemeinsam in die Ferien fährt. Viele Patchwork-Familien sind deshalb über lange Jahre chronisch knapp bei Kasse.

Die Unterhaltsverpflichtung des Stiefelternteils

Eine gesetzliche Unterhaltsverpflichtung seitens des Stiefelternteils gegenüber seinem Stiefkind besteht prinzipiell nicht. Im Lebensalltag sieht es aber so aus, dass praktisch aus einer gemeinsamen Kasse gewirtschaftet wird. So finanziert das Elternpaar in vielen Patchwork-Familien die jeweils nicht leiblichen Kinder mit und aus der gemeinsamen Kasse werden die Miete für die Wohnung, gemeinsame Urlaubsreisen sowie Ernährung, Kleidung und vieles andere mehr bezahlt. Viele Stiefeltern tun dies gerne und so profitieren die Stiefkinder häufig vom gemeinsamen Haushaltseinkommen, ohne dass diese Zuwendungen gesetzlich geregelt sind.

Ein Stiefelternteil, das auf diese Weise nicht leibliche Kinder mit finanziert, eventuell auch, weil der zu Unterhaltsleistungen verpflichtete Elternteil außerhalb der Patchwork-Familie seinen Zahlungen nicht vollständig oder überhaupt nicht nachkommt, hat zwar die Möglichkeit, den von ihm für sein Stiefkind gezahlten Unterhalt vom leiblichen Elternteil zurückzuverlangen. Dies gilt aber nur bis maximal der Höhe des gesetzlichen Unterhaltsanspruches des Kindes. Voraussetzung für diesen so genannten Forderungsübergang ist überdies, dass das Stiefelternteil für das Stiefkind, das in seinem Haushalt lebt, entweder Barunterhalt leistet oder das Kind nach BGB § 1607 Abs. 3 (vgl. S. 150) betreut.

Wichtig zu wissen ist: Ausgleichszahlungen über die Höhe des gesetzlichen Unterhalts hinaus kann das Stiefelternteil vom leiblichen Elternteil nicht zurückverlangen. Es handelt sich dabei also um freiwillige Leistungen, zu denen es nicht verpflichtet werden kann, die es aber auch nicht zurückverlangen kann. Und auch bei diesem Thema bleibt Patchwork-Familien lediglich die Möglichkeit, auf eine andere Rechtsthematik zurückzugreifen: das Vertragsrecht. So ist zu raten, dass der Stiefelternteil, der regelmäßig finanzielle Leistungen für im Haushalt lebende Stiefkinder übernimmt, mit dem zu Unterhaltszahlungen verpflichteten Elternteil außerhalb der Familie einen Vertrag schließt. In diesem Vertrag könnte die Höhe der finanziellen Zuwendungen des Stiefelternteils vereinbart und festgelegt werden, um im Falle von Streitigkeiten eine rechtssichere Basis herzustellen. Dieses ist jedoch freiwillig, und eine andere Möglichkeit existiert derzeit nicht.

Rechtliche Grundlagen

§ 1607 BGB Ersatzhaftung und gesetzlicher Forderungsübergang

(1) Soweit ein Verwandter auf Grund des § 1603 nicht unterhaltspflichtig ist, hat der nach ihm haftende Verwandte den Unterhalt zu gewähren.

(2) Das Gleiche gilt, wenn die Rechtsverfolgung gegen einen Verwandten im Inland ausgeschlossen oder erheblich erschwert ist. Der Anspruch gegen einen solchen Verwandten geht, soweit ein anderer nach Absatz 1 verpflichteter Verwandter den Unterhalt gewährt, auf diesen über.

(3) Der Unterhaltsanspruch eines Kindes gegen einen Elternteil geht, soweit unter den Voraussetzungen des Absatzes 2 Satz 1 anstelle des Elternteils ein anderer, nicht unterhaltspflichtiger Verwandter oder der Ehegatte des anderen Elternteils Unterhalt leistet, auf diesen über. Satz 1 gilt entsprechend, wenn dem Kind ein Dritter als Vater Unterhalt gewährt.

(4) Der Übergang des Unterhaltsanspruchs kann nicht zum Nachteil des Unterhaltsberechtigten geltend gemacht werden.

Namensrecht

Unser Familienname ist Teil unserer Identität. Darüber hinaus macht er deutlich, wo wir herkommen und zu welcher Familie wir gehören. Für Sabine Matussek in unserer Beispielfamilie Sabine und Tom Berger war es klar, dass sie nach der Scheidung von Karl Müller und der vorübergehenden Rückkehr zu ihrem Mädchennamen, den Familiennamen ihres neuen Mannes Tom annehmen wollte und auch der gemeinsame Sohn Stefan ihn tragen sollte. Damit dokumentiert Sabine, wer unter ihrem Dach zusammengehört.

Im Grundsatz regelt das Recht es so, dass eine erneute Eheschließung den Kindesnamen unberührt lässt. Ein Kind kann seinen Geburtsnamen also auch dann behalten, wenn seine Eltern nach einer Scheidung erneut heiraten und einen anderen oder keinen Ehenamen führen. Seit dem so genannten Kindschaftsrechtsreformgesetz zum 1. Juli 1998 kann das Kind jedoch auch den Ehenamen aus der neuen Ehe erhalten. So regelt es § 1618 Abs. 1 Satz 1 BGB.

Juristen bezeichnen diesen Vorgang als Einbenennung. Die Namenserteilung begründet weder Rechte noch Pflichten. Mit jeder Wiederverheiratung ist eine erneute Einbenennung möglich, es entfällt dann jeweils der dem Namen des Kindes vorangestellte oder angefügte Ehename aus der vorherigen Einbenennung.

Nach der Hochzeit des neuen Elternteils können Patchwork-Familien einen gemeinsamen Namen beim Standesamt beantragen. Nur zum Teil leibliche Kinder des Paars benötigen hierzu allerdings die Zustimmung des anderen sorgeberechtigten Elternteils. Und auch die Kinder selbst haben ein Mitsprecherecht: Bereits mit fünf Jahren kann ein Kind eine Namensänderung ablehnen. Von ihrem 14. Geburtstag an müssen Jugendliche darüber hinaus den neuen Familiennamen selbst beantragen. Daneben gibt es jedoch auch die Möglichkeit, dem Geburtsnamen den neuen Namen voranzustellen oder anzuhängen. So könnten Tom und Sabine Berger beispielsweise überlegen, für Barbara und Mark Müller die Kombination Müller-Berger oder Berger-Müller zu wählen. Eine Adoption kommt für Tom Berger und Barbaras und Marks leiblichen Vater Karl Müller nicht in Frage.

Rechtliche Grundlagen

§ 1618 BGB Einbenennung

Der Elternteil, dem die elterliche Sorge für ein unverheiratetes Kind allein oder gemeinsam mit dem anderen Elternteil zusteht, und sein Ehegatte, der nicht Elternteil des Kindes ist, können dem Kind, das sie in ihren gemeinsamen Haushalt aufgenommen haben, durch Erklärung gegenüber dem Standesbeamten ihren Ehenamen erteilen. Sie können diesen Namen auch dem von dem Kind zur Zeit der Erklärung geführten Namen voranstellen oder anfügen; ein bereits zuvor nach Halbsatz 1 vorangestellter oder angefügter Ehename entfällt. Die Erteilung, Voranstellung oder Anfügung des Namens bedarf der Einwilligung des anderen Elternteils, wenn ihm die elterliche Sorge gemeinsam mit dem den Namen erteilenden Elternteil zusteht oder das Kind seinen Namen führt, und, wenn das Kind das fünfte Lebensjahr vollendet hat, auch der Einwilligung des Kindes. Das Familiengericht kann die Einwilligung des anderen Elternteils ersetzen, wenn die Erteilung, Voranstellung oder Anfügung des Namens zum Wohl des Kindes erforderlich ist. Die Erklärungen müssen öffentlich beglaubigt werden. § 1617c gilt entsprechend.

§ 1617c Name bei Namensänderung der Eltern

(1) Bestimmen die Eltern einen Ehenamen, nachdem das Kind das fünfte Lebensjahr vollendet hat, so erstreckt sich der Ehename auf den Geburtsnamen des Kindes nur dann, wenn es sich der Namensgebung anschließt. Ein in der Geschäftsfähigkeit beschränktes Kind, welches das 14. Lebensjahr vollendet hat, kann die Erklärung nur selbst abgeben; es bedarf hierzu der Zustimmung seines gesetzlichen Vertreters. Die Erklärung ist gegenüber dem Standesbeamten abzugeben; sie muss öffentlich beglaubigt werden.

(2) Absatz 1 gilt entsprechend,
1. wenn sich der Ehename, der Geburtsname eines Kindes geworden ist, ändert oder
2. wenn sich in den Fällen der §§ 1617, 1617a und 1617b der Familienname eines Elternteils, der Geburtsname eines Kindes geworden ist, auf andere Weise als durch Eheschließung oder Begründung einer Lebenspartnerschaft ändert.

(3) Eine Änderung des Geburtsnamens erstreckt sich auf den Ehenamen oder den Lebenspartnerschaftsnamen des Kindes nur dann, wenn sich auch der Ehegatte oder der Lebenspartner der Namensänderung anschließt; Absatz 1 Satz 3 gilt entsprechend.

Umgangsrecht

Das Wohl des Kindes sollte immer im Mittelpunkt der Überlegungen und Entscheidungen von Erwachsenen stehen. Trotzdem zeigt die Realität ein anderes Bild: Nach Trennung und/oder Scheidung entflammt häufig ein erbitterter Streit der früheren Eheleute über den Umgang mit den Kindern und speziell über die Ausgestaltung der Besuchsrechte. Auseinandersetzungen über diesen Punkt gehören zum täglichen Brot der Familiengerichte.

Die Kindschaftsrechtsreform vom 1. Juli 1998 hatte deshalb das wesentliche Ziel, den Umgang des Kindes mit seiner Familie zu stärken. Nach § 1626 Abs. 3 Satz 1 BGB gehört der gleichberechtigte Umgang des Kindes mit seinen beiden Elternteilen zum Kindeswohl. Dabei ist zu berücksichtigen, dass nicht nur den Eltern deshalb ein Anspruch auf Umgang zusteht, sondern das Kind auch selbst einen Anspruch darauf hat. So regelt es der § 1684 Abs. 1 BGB.

Damit will der Gesetzgeber bewusst machen, dass der Umgang beider Elternteile mit dem Kind für das Kind von großer Bedeutung ist. Die Eltern haben deshalb die Pflicht, den Umgang zu gestatten und zu organisieren.

Darüber hinaus war es erklärtes Ziel der Kindschaftsrechtsreform, auch den Stiefeltern ein geregeltes Umgangsrecht einzuräumen. Dies leistet § 1685 BGB – allerdings nur in einer sehr eingeschränkten Form. Denn Stiefeltern haben auch weiterhin keine Umgangspflicht und ebenso wenig hat ein Kind das Recht auf den Umgang mit seinen Stiefeltern. Im Endeffekt heißt das, dass auch künftig gerichtliche Hilfe in Anspruch genommen werden muss, wenn den Stiefeltern das Umgangsrecht grundlos verweigert wird.

Rechtliche Grundlagen

§ 1626 Elterliche Sorge, Grundsätze

(3) Zum Wohl des Kindes gehört in der Regel der Umgang mit beiden Elternteilen. Gleiches gilt für den Umgang mit anderen Personen, zu denen das Kind Bindungen besitzt, wenn ihre Aufrechterhaltung für seine Entwicklung förderlich ist.

§ 1684 Umgang des Kindes mit den Eltern

(1) Das Kind hat das Recht auf Umgang mit jedem Elternteil; jeder Elternteil ist zum Umgang mit dem Kind verpflichtet und berechtigt.

(2) Die Eltern haben alles zu unterlassen, was das Verhältnis des Kindes zum jeweils anderen Elternteil beeinträchtigt oder die Erziehung erschwert. Entsprechendes gilt, wenn sich das Kind in der Obhut einer anderen Person befindet.

(3) Das Familiengericht kann über den Umfang des Umgangsrechts entscheiden und seine Ausübung, auch gegenüber Dritten, näher regeln. Es kann die Beteiligten durch Anordnungen zur Erfüllung der in Absatz 2 geregelten Pflicht anhalten.

(4) Das Familiengericht kann das Umgangsrecht oder den Vollzug früherer Entscheidungen über das Umgangsrecht einschränken oder ausschließen, soweit dies zum Wohl des Kindes erforderlich ist. Eine Entscheidung, die das Umgangsrecht oder seinen Vollzug für längere Zeit oder auf Dauer einschränkt oder ausschließt, kann nur ergehen, wenn andernfalls das Wohl des Kindes gefährdet wäre. Das Familiengericht kann insbesondere anordnen, dass der Umgang nur stattfinden darf, wenn ein mitwirkungsbereiter Dritter anwesend ist. Dritter kann auch ein Träger der Jugendhilfe oder ein Verein sein; dieser bestimmt dann jeweils, welche Einzelperson die Aufgabe wahrnimmt.

§ 1685 Umgang des Kindes mit anderen Bezugspersonen

(1) Großeltern und Geschwister haben ein Recht auf Umgang mit dem Kind, wenn dieser dem Wohl des Kindes dient.

(2) Gleiches gilt für enge Bezugspersonen des Kindes, wenn diese für das Kind tatsächliche Verantwortung tragen oder getragen haben (sozial-familiäre Beziehung). Eine Übernahme tatsächlicher Verantwortung ist in der Regel anzunehmen, wenn die

Person mit dem Kind längere Zeit in häuslicher Gemeinschaft zusammengelebt hat.

(3) § 1684 Abs. 2 bis 4 gilt entsprechend.

Verbleibensanordnung

Die so genannte Verbleibensanordnung kann sich positiv für eine Patchwork-Familie auswirken und kann aus diesem Blickwinkel deshalb als Errungenschaft der Kindschaftsrechtsform von 1998 bezeichnet werden, da die Beziehung des Kindes zu einem Stiefelternteil vom Gesetz geschützt wird.

So regelt § 1682 BGB, dass ein Kind, das in einer Stieffamilie lebt, diese nicht automatisch verlassen und in den Haushalt des außerhalb der Familie lebenden leiblichen Elternteils ziehen muss, wenn dieser es wünscht und beantragt. Denkbar ist zum Beispiel, dass der Elternteil, bei dem das Kind bisher in der Patchwork-Familie lebte, stirbt und infolgedessen das Sorgerecht alleine auf den außerhalb der Familie lebenden Elternteil übergeht oder auch, dass der andere Elternteil infolge einer Veränderung seiner Lebensumstände die elterliche Sorge erlangt und deshalb das Kind aus der Stieffamilie herausnehmen möchte, weil es jetzt bei ihm wohnen soll. Für ein Kind würde dies bedeuten, dass es seine vertraute Umgebung in der Stieffamilie aufgeben müsste, um zu einem Elternteil zu ziehen, dem es mittlerweile eventuell völlig entfremdet ist. Durch die Verbleibensanordnung wird dem Kind jetzt gestattet, sich zunächst weiterhin bei seinem Stiefelternteil aufzuhalten, obwohl der leibliche Elternteil bereits das Sorgerecht hat. Die Überlegung des Gesetzgebers: Das Kind soll zunächst die Möglichkeit haben, sich innerlich auf den Wechsel in den Haushalt des leiblichen Elternteils einzustellen und Zeit dazu haben, eine neue Beziehung aufzubauen.

Falls das Sorgerecht vom Elternteil in der Patchwork-Familie auf den Elternteil außerhalb der Familie übergegangen ist, ist ein dauerhafter Verbleib in der bisherigen Umgebung allerdings nicht selbstverständlich. Der leibliche Elternteil verfügt ja über das Sorgerecht, das auch das Aufenthaltsbestimmungsrecht umfasst. Familiengerichte befristen deshalb in der Regel die so genannte Verbleibensanordnung und können sie verlängern, wenn das Kindeswohl durch den Umzug zum leiblichen Elternteil gefährdet wäre.

In Patchwork-Familien wird aufgrund dieser – jetzt verbesserten – Rechtslage darüber diskutiert, ob Stiefkinder prinzipiell adoptiert werden sollten, um sie mit leiblichen Kindern gleichzustellen. Damit würde in diesem Punkt eine endgültige Lösung erreicht und Stiefeltern müssten nicht mehr um das Verbleiben der nicht leiblichen Kinder, die ihnen während der Zeit ans Herz gewachsen sind und um die sie sich gekümmert haben, fürchten. Zu bedenken ist dabei jedoch, dass dazu erstens immer das Einverständnis beider leiblichen Elternteile vorliegen muss und zum anderen, dass die gängige Praxis der Familiengerichtsbarkeit vor allem dahin zielt, solche Kinder zur Adoption freizugeben, die bedürftig und familienfremd sind. Deshalb ist keineswegs davon auszugehen, dass ein Gericht einem solchen Adoptionsantrag zustimmt.

Rechtliche Grundlagen

§ 1682 Verbleibensanordnung zugunsten von Bezugspersonen

Hat das Kind seit längerer Zeit in einem Haushalt mit einem Elternteil und dessen Ehegatten gelebt und will der andere Elternteil, der nach den §§ 1678, 1680, 1681 den Aufenthalt des Kindes nunmehr allein bestimmen kann, das Kind von dem

Ehegatten wegnehmen, so kann das Familiengericht von Amts wegen oder auf Antrag des Ehegatten anordnen, dass das Kind bei dem Ehegatten verbleibt, wenn und solange das Kindeswohl durch die Wegnahme gefährdet würde. Satz 1 gilt entsprechend, wenn das Kind seit längerer Zeit in einem Haushalt mit einem Elternteil und dessen Lebenspartner oder einer nach § 1685 Abs. 1 umgangsberechtigten volljährigen Person gelebt hat.

Erbrecht

Das Erbrecht ist in einer Patchwork-Familie, wie die Rechtsmaterie allgemein, eine diffizile Angelegenheit. Da es sich in der Regel um größere Familien, zusammengesetzt aus verschiedenen Familiensträngen, handelt, ist der Kreis derer, die erbberechtigt sein können, entsprechend größer und die Erbfolge kompliziert. So wächst mit einer zweiten Ehe und jeder weiteren ehelichen Verbindung der Kreis der durch das Gesetz Erbberechtigten – und zwar jeweils um den Ehepartner und gemeinsame Kinder dieser Ehe. Dabei gilt: Stiefkinder sind nicht gesetzlich erbberechtigt, weil sie mit dem Stiefelternteil nicht verwandt sind. Nur leibliche Abkömmlinge oder ihnen gleichgestellte, also beispielsweise adoptierte Kinder, werden bei der gesetzlichen Erbfolge berücksichtigt.

Die heutige Rechtslage geht eindeutig zu Ungunsten von Stiefkindern: Ein unter Umständen wesentlicher Teil des elterlichen Vermögens geht bei dessen Tod zunächst auf seinen Ehepartner über, also den Stiefelternteil. Nach dem späteren Tod des Stiefelternteils verbleibt es in dessen Familie. Dabei hat das Stiefkind einen einzigen Anspruch gegen den Nachlass: einen Ausbildungskostenanspruch. Aber auch dieser entfällt, wenn die Eheleute Gütertrennung vereinbart haben. Aus Sicht von Stiefkindern ist diese Regelung natürlich sehr unbefriedigend. Daher gibt es Bestrebungen, das Stiefkind zumindest mit einem Pflichtteilsanspruch gegen den Stiefelternteil auszustatten. Dieser sollte greifen, wenn ein Stiefelternteil stirbt, der zuvor von dem leiblichen Elternteil des Stiefkindes Vermögen geerbt hat. Wie gesagt: Die aktuelle Rechtslage benachteiligt Stiefkinder jedoch noch.

Patchwork-Familien, deren Zusammenleben auf Dauer ausgerichtet ist, sollten sich deshalb frühzeitig mit der Erbrechtsthematik beschäftigen. Das deutsche Erbrecht ist, wie alle anderen Rechtskomplexe auch, auf das traditionelle Familienmodell ausgerichtet und kennt keine Unterscheidungen zwischen Kern- und Nachfolgefamilien. So können bei einem Todesfall unbeabsichtigte Vermögensverschiebungen stattfinden.

Dies kann nur mit einem notariellen Erbvertrag verhindert werden, der auch allen weiteren Veränderungen in der Familie angepasst werden kann. Von großer Bedeutung ist, dass das Elternpaar in der Patchwork-Familie berücksichtigt, dass das Erbrecht früherer Partner erst mit dem Scheidungsantrag erlischt! D.h.: Wenn es sich um eine eheähnliche Gemeinschaft und Lebenspartnerschaft handelt, gilt das Erbrecht und die Erbfolge auf der Grundlage der noch bestehenden Ehe! Will man den neuen Partner also bereits während des Trennungsjahres für den Todesfall absichern, ist dies lediglich per Testament oder Erbvertrag möglich. Bis zum Scheidungsantrag bleibt jedoch der Pflichtteilsanspruch des früheren Ehepartners unverändert bestehen.

Hierzu ein Beispiel:

Tom Berger, er ist der spätere Erblasser, hat mit seiner Lebensgefährtin Sabine Matussek zunächst eineinhalb Jahre unverheiratet zusammengelebt. Wir nehmen an, Tom wäre vor der Patchwork-Familie mit Lea verheiratet gewesen. Der Scheidungsantrag war noch nicht gestellt und Stefan Berger war noch nicht geboren. Tom Berger besitzt aus einem Erbe seines Vaters eine Immobilie im Wert von 150.000 € und Fondsanteile im Wert von 50.000 €. In diesem Fall wird seiner früheren Ehefrau Lea Martes ihr Pflichtteilsanspruch zugesprochen, Luca Berger, die Tochter Toms, erhält als gesetzliche Erbin alles andere, falls kein anders lautendes Testament gemacht wurde.

Will Tom Berger seine jetzige Lebensgefährtin und künftige Ehefrau Sabine also schon aktuell finanziell gegen seinen Todesfall absichern, muss er zum Notar gehen und ein Testament machen. Darin könnte er beispielsweise Sabine zu seiner alleinigen Erbin einsetzen. Luca hingegen erhielte im Fall seines Todes ihren Pflichtteil, der 50 Prozent des gesetzlichen Erbes beträgt (also 100.000 €). Der Nachteil dieser Konstruktion besteht allerdings darin, dass Luca Mitbesitzerin der Immobilie ist – und dadurch indirekt auch ihre leibliche Mutter mitbestimmen kann, was mit der Immobilie passiert. Deshalb regelt es Tom so, dass Sabine im Testament als Vorerbin der Immobilie eingesetzt wird. Nach ihrem Tod erbt Luca die Immobilie. Der Vorteil für Tom: Sabine kann Luca ihr Erbe niemals vorenthalten und Luca kann Sabine umgekehrt aber auch nicht zwingen, die Immobilie vor ihrem Tod zu teilen bzw. Luca auszuzahlen.

Die Wirklichkeit zeigt es: In einer Patchwork-Familie sollte daran gedacht werden, dass außerhalb der Familie lebende leibliche Elternteile (frühere Ehepartner) von Stiefkindern nach dem Tod eines Elternteils nicht für unangenehme Überraschungen sorgen können und gegen die Erbfolge vor Gericht antreten oder das Erbe von Kindern für eigene Zwecke verbrauchen. Deshalb sollte ein Testamentsvollstrecker eingesetzt werden. Der Erblasser, in unserem Fall also Tom Berger, kann sogar bestimmen, dass diese Testamentsvollstreckung noch weit über den 18. Geburtstag Lucas hinaus Bestand hat und beispielsweise bis zu ihrem 30. Geburtstag gilt.

Wenn Tom und Sabine vor ihrer Heirat nichts anderes vereinbart haben und Tom vor seiner Ehefrau Sabine stirbt, erbt sie 50 Prozent des gesamten Vermögens, Luca würde die andere Hälfte erhalten. Da Tom und Sabine aber noch ein weiteres gemeinsames Kind, Stefan, bekommen haben, ist die gesetzliche Erbfolge jetzt so, dass Sabine die eine Hälfte bekommt und die andere Hälfte auf beide Kinder – egal ob erste oder zweite Ehe – aufgeteilt wird.

Fazit oder: Was wir Ihnen raten möchten

Als nicht leibliches Elternteil haben Sie in einer Patchwork-Familie so gut wie keine Rechte gegenüber nicht leiblichen Kindern, die Sie mit erziehen und mit versorgen. Der Gesetzgeber hat hier noch keine Abhilfe geschaffen. Versäumen Sie deshalb nicht, sich vom sorgeberechtigten Elternteil eine schriftliche Vollmacht aushändigen zu lassen. Damit sind Sie beispielsweise berechtigt, schulische Mitteilungen von Stiefkindern entgegenzunehmen oder an Elternsprechtagen in der Schule teilzunehmen.

Wenn Sie ohnehin großen Anteil an den nicht leiblichen Kindern nehmen und diese ein sehr gutes Verhältnis zu Ihnen haben, kann eine Adoption eine Möglichkeit sein, ihre Beziehung zu den Kindern rechtlich gleichzustellen. Beachten Sie dabei jedoch unbedingt, dass die gängige Rechtspraxis in solchen Fällen nicht adoptionsfreundlich ist.

Berücksichtigen Sie, dass ein Stiefelternteil, das das nicht leibliche Kinder mit finanziert, den von ihm für sein Stiefkind gezahlten Unterhalt bis zur Höhe des gesetzlichen Unterhaltsanspruches des Kindes vom leiblichen Elternteil zurückzuverlangen kann. Befassen Sie sich mit der Überlegung, eventuell einen Vertrag mit dem leiblichen Elternteil der Kinder abzu schließen, in dem die Höhe Ihrer finanziellen Zuwendungen festgelegt wird, um im Falle von Streitigkeiten eine rechtssichere Basis herzustellen.

Versäumen Sie nicht, sich auf die Verbleibensanordnung zu berufen, wenn das Kindeswohl durch den Umzug zum leiblichen Elternteil gefährdet wäre.

Denken Sie rechtzeitig an die testamentarische Regelung Ihrer finanziellen Angelegenheiten und prüfen Sie alle Möglichkeiten.

Versicherungsrechtliche Erwägungen

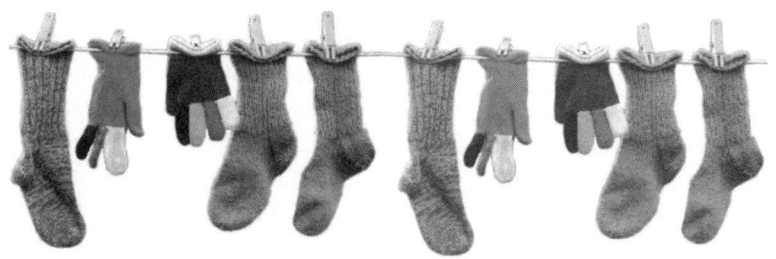

Absicherung der Patchwork-Familie

Wer nach Trennung und/oder Scheidung in einer neuen Lebenspartnerschaft lebt und neue Versicherungen abschließt, sollte genau überprüfen: Was ist wirklich nötig und wer ist unter welchen Bedingungen abgesichert? Dies gilt besonders für eine Patchwork-Familie mit Kindern aus mehreren Beziehungen. Hier kann leicht die Übersicht verloren gehen.

Ansprüche aus der Vergangenheit

Bei einer Scheidung werden Rentenansprüche im so genannten Versorgungsausgleich abgeglichen. Dabei soll dem Partner, der zum Beispiel wegen Kindererziehung in gemeinsamen Ehejahren weniger Rentenpunkte sammeln konnte, eine bessere Versorgung gewährleistet werden. Ausnahmen gelten, wenn in einem Ehevertrag eine andere Regelung getroffen wurde. Doch auch diese sind zum Teil umstritten und werden von Gerichten sehr differenziert beurteilt, wenn etwa nach einer Scheidung der früheren Ehefrau die Lebensgrundlage entzogen wäre. In solchen Härtefällen stimmt das Familiengericht für gewöhnlich nicht zu.

Bei einem Versorgungsausgleich werden die Ansprüche auf Rente, die während der gemeinsamen Ehe angesammelt wurden, gleichmäßig aufgeteilt. Derjenige oder diejenige mit den höheren Versorgungsansprüchen wird ausgleichspflichtig und muss dem ehemaligen Ehepartner mit geringeren Rentenansprüchen die Hälfte des Wertunterschieds ausgleichen. Die gleiche Regelung gilt seit 2005 auch für gleichgeschlechtliche Lebenspartnerschaften.

Hat Tom Berger in den gemeinsamen Ehejahren mit Sabine beispielsweise Rentenansprüche von 300 Euro angesammelt, seine Ehefrau allerdings nur für 100 Euro, beträgt der zu teilende Wertunterschied bei einer eventuellen Scheidung von Tom und Sabine 200 Euro. Tom muss davon die Hälfte, also 100 Euro, abgeben. Dieses Geld wird seiner geschiedenen Frau als Ausgleichsberechtigter gutgeschrieben. Tom und Sabine würden nach dem Versorgungsausgleich aus der gemeinsamen Ehe deshalb jeweils eine Rentenanwartschaft in Höhe von 200 Euro behalten.

Geteilt werden Ansprüche aus gesetzlicher Rente, Versorgung des öffentlichen Dienstes, betrieblicher Altersversorgung sowie berufsständischer Versorgung. Aber auch Renten oder Rentenanwartschaften aus einem privaten Versicherungsvertrag zur Versorgung des Ehepartners wie Berufsunfähigkeitsversicherung, Altersrenten-, Leibrenten- oder Pensionsversicherungen sowie Lebensversicherungen auf Rentenbasis.

Das Familiengericht setzt die Rentenversicherungsträger über den getroffenen Versorgungsausgleich in Kenntnis. Der daraus resultierende Mehrbetrag würde also dem Rentenkonto von Sabine Berger gutgeschrieben, Toms Anwartschaft würde entsprechend herabgesetzt. Tom Berger verliert in diesem Fall allerdings nur monetäre Ansprüche, seine Beitragszeiten bleiben davon unberührt. Die Ausgleichsberechtigte, Sabine Berger, würde hingegen auch noch Wartezeiten für ihre Rente gutgeschrieben bekommen.

Die Rente des Ausgleichspflichtigen würde allerdings nicht gemindert, falls die Ausgleichsberechtigte stirbt ohne selbst eine Leistung aus der Rentenversicherung erhalten zu haben, oder wenn sie nur eine geringfügige Leistung erhalten hat. Außerdem gibt es noch Härtefallregelungen und Fristen, die man im Einzelfall mit den Beratungsstellen der Deutsche Rentenversicherung abklären kann.

Versicherungscheck bei Scheidung/Trennung

Bei einer Scheidung ändern sich zumeist die versicherungsrechtlichen Tatbestände. Deshalb sollten die Beteiligten frühzeitig prüfen, wer abgesichert ist und gegebenenfalls welche Risiken weiterhin abgedeckt werden sollen. So fällt die bisherige Familie zum Beispiel aus der Familienversicherung heraus, versichert ist nur noch der im Vertrag genannte Versicherungsnehmer. Was muss im Einzelnen genau geprüft werden?

Haftpflichtversicherung

Die private Haftpflichtversicherung läuft auf den Ehegatten weiter, der als Versicherungsnehmer im Vertrag steht. Der andere Ehegatte ist nur bis zur Scheidung mitversichert und muss eine eigene Versicherung abschließen. Für gemeinsame Kinder besteht der Versicherungsschutz weiter. Sie sind allerdings nur bei dem Versicherungsnehmer mitversichert, bei dem sie ihren Lebensmittelpunkt haben.

Dabei ist unbedingt zu berücksichtigen, dass die Ehefrau bereits vor der Scheidung aus dem Versicherungsvertrag herausfällt, falls der Ehemann als Versicherungsnehmer noch vor der Scheidung seine neue Lebensgefährtin als Mitversicherte meldet. Die Noch-Ehefrau kann so ihren Versicherungsschutz verlieren, ohne dass sie davon etwas bemerkt und erfährt.

Hausratversicherung

Der Ehegatte, auf den die Police ausgestellt ist, bleibt Versicherungsnehmer und der andere muss sich neu versichern, falls er weiterhin eine Hausratversicherung benötigt. Bleibt der Ehegatte, auf den der Versicherungsvertrag abgeschlossen ist, in der alten Wohnung, ändert sich für ihn nichts. Zieht dieser Ehegatte in eine neue Wohnung, muss er das dem Versicherer melden und der Versicherungsvertrag gilt für die neue Wohnung weiter. Dabei muss der Versicherungsvertrag gegebenenfalls auf die neuen Gegebenheiten der Wohnung angepasst werden (Grundfläche, Garage etc.). Für den anderen Ehegatten besteht in der Regel bis drei Monate nach der Trennung der Versicherungsschutz weiter. Haben beide Ehegatten eine Hausratversicherung abgeschlossen, muss geklärt werden, für welche Wohnung der Versicherungsvertrag fortbesteht und welcher Ehegatte eventuell eine neue Hausratversicherung abschließen muss. Versicherungsunternehmen kommen dem Versicherungsnehmer eventuell preislich entgegen, wenn er eine Hausratversicherung für zwei getrennte Haushalte abschließt.

Kfz-Versicherung

Auch hier gilt: Alles läuft auf den Versicherungsnehmer! So erhält lediglich der Ehegatte, der Versicherungsnehmer war, unter Umständen einen Schadensfreiheitsrabatt. Der andere Ehegatte wird mit der Scheidung und Abschluss einer eigenen

Versicherung zumeist mit dem für Anfänger geltenden Beitragssatz eingestuft. Allerdings gibt es auch Versicherungen, die Geschiedenen günstigere Einstiegstarife gewähren.

Krankenversicherung

Nach einer Scheidung wird die Familienversicherung in der gesetzlichen Krankenversicherung nicht mehr fortgesetzt beziehungsweise muss für eine neue Familie neu geregelt werden. Der nicht mehr mitversicherte Ehegatte hat nach der Scheidung drei Monate Zeit, um sich selbst zu versichern. So lange besteht der Versicherungsschutz fort. Achtung: Die Krankenversicherung des anderen Ehegatten ist nicht mehr verpflichtet, den bisher nicht selbst versicherten Ehegatten aufzunehmen, wenn diese Frist verpasst wird! Eine eigene private Krankenversicherung bleibt auch im Fall der Scheidung bestehen. Die Scheidung spielt auch dann keine Rolle, wenn nur einer der Ehegatten privat versichert und der andere gesetzlich versichert ist. Kinder können beim gesetzlich versicherten Elternteil mitversichert werden, wenn ein Elternteil privat und der andere gesetzlich versichert ist.

Lebensversicherung

Eine Scheidung hat auf eine Lebensversicherung normalerweise keinen Einfluss. Gleichwohl sollte hier genau geprüft werden, da der geschiedene Ehegatte häufig als begünstigte Person im Versicherungsfall benannt ist. Das sollte – wenn gewollt – nach einer Trennung schnellstmöglich geändert werden. Wenn der begünstigte Ehegatte widerruflich als Begünstigter eingetragen ist, kann eine Abänderung mit einem formlosen Schreiben erfolgen.

Rechtsschutzversicherung

Die Rechtsschutzversicherung gilt nur bis zur Scheidung für beide Ehegatten. Wer nicht als Versicherungsnehmer benannt war, muss sich bei Bedarf selbst versichern. Wichtig zu wissen: Der Versicherungsschutz für den früheren Versicherungsnehmer gilt allerdings auch weiterhin für die leiblichen Kinder.

Private Rentenversicherung

Falls kein Ehevertrag abgeschlossen wurde, werden die im Laufe der Ehe erworbenen Rentenansprüche im Versorgungsausgleich gleichmäßig auf beide Partner aufgeteilt. Dem Vertrag des zum Ausgleich verpflichteten Partners wird unter Umständen Kapital entnommen, um eine beitragsfreie Rentenversicherung für den Ausgleichsberechtigten abzuschließen. Die Rentenversicherung des anderen Partners wird entsprechend gesenkt.

Unfallversicherung

Grundsätzlich hat eine Scheidung keine Auswirkung auf den Versicherungsvertrag. Sollte auch hier die Trennung von Versicherungsnehmer und Mitversicherten vorliegen, sollte die Scheidung der Versicherung angezeigt werden, so dass die Police abgeändert werden kann. Das gilt auch für den Fall, dass beide Ehegatten gemeinsam versichert sind. Dann müssten getrennte Versicherungen vereinbart werden.

Wohngebäudeversicherung

Der Vertrag läuft auf denjenigen, der im Grundbuch als Eigentümer einer Immobilie eingetragen ist. Sind beide Ehegatten als Eigentümer im Grundbuch eingetragen und damit Versicherungsnehmer, läuft der Versicherungsschutz nach der Scheidung weiter. Versicherungsnehmer sind dann die geschiedenen Ehegatten in Form einer Eigentümergemeinschaft der Immobilie. Denn der Versicherungsschutz durch eine Wohngebäudeversicherung ist nicht an Personen, sondern lediglich an die Immobilie geknüpft. Das ändert sich bei einer Übertragung der Immobilie auf einen neuen Eigentümer oder auf einen der geschiedenen Ehegatten.

Fazit oder: Was wir Ihnen raten möchten

Versäumen Sie es nicht, nach einer Scheidung und bereits in der Gründungsphase einer neuen Familie einen umfassenden Versicherungscheck durchzuführen. Was hat sich geändert? Welche Risiken sollen und müssen weiterhin oder neu abgedeckt werden?

Prüfen Sie, ob die Haftpflichtversicherung, die Ihr früherer Ehepartner abgeschlossen hat, auch Ihre Person noch umfasst, oder ob eventuell der neue Lebenspartner darin aufgeführt ist!

Nach einer Trennung und/oder Scheidung läuft der Schutz einer Hausratversicherung lediglich bis drei Monate nach der Trennung weiter, wenn der frühere Ehepartner die gemeinsame Wohnung verlassen hat. Erneuern Sie deshalb rechtzeitig den Versicherungsschutz!

Der nicht mehr mitversicherte Ehegatte hat nach der Scheidung drei Monate Zeit, um selbst eine neue Krankenversicherung abzuschließen, da jetzt die Familienversicherung entfällt. So lange besteht der Versicherungsschutz fort. Achten Sie unbedingt darauf, diese Frist nicht zu versäumen, da die Krankenversicherung des anderen Ehegatten nicht mehr verpflichtet ist, den bisher nicht selbst versicherten Ehegatten aufzunehmen.

Nachwort

Patchwork-Familie – Lebensentwurf mit Zukunft?

Bei den rechtlichen Rahmenbedingungen für Patchwork-Familien besteht erheblicher Handlungsbedarf. Der Gesetzgeber darf die gesellschaftliche Wirklichkeit, die Rechtsordnung und Rechtspraxis längst überholt haben, nicht weiter missachten. Der traditionelle Begriff von Ehe und Familie wird alleine schon durch das Grundgesetz hinsichtlich der geforderten Gleichstellung nicht ehelicher Kinder gegenüber ehelichen Nachkommen perspektivisch weiter in die Zukunft entwickelt. Dies muss als Auftrag an den Gesetzgeber verstanden werden, die einschlägigen Bestimmungen des Familien-, Kindschafts-, Sorge- und Unterhaltsrechts zu überarbeiten und im Sinne der Bürger und einer wirklichkeitsnahen Rechtsauffassung zu novellieren.

Dabei geht es nicht darum, aus einer Laune heraus moralische und rechtliche Prinzipien einer Gesellschaft über Bord zu werfen, weil sich etwa viele nicht mehr daran orientieren oder ihnen einfach nicht mehr Genüge tun wollten. Vielmehr geht es um die Wiederherstellung von Gerechtigkeit: Nicht die Patchwork-Familie trägt Schuld daran, dass heute mehr als jede dritte Ehe in Deutschland geschieden wird, sondern Lebensformen wie die Patchwork-Familie sind eine Folge der schwindenden Attraktivität und Dauerhaftigkeit der Institution Ehe. Nicht die Familie hat an Anziehungskraft und Stabilität verloren – sie steht bei der weit überwiegenden Anzahl der Bürger nach wie vor hoch im Kurs –, sondern das Vertrauen in die Bindungswirkung des Trauscheins.

Deshalb ist der Gesetzgeber gefordert, so genannte »alternative« Lebensgemeinschaften, die längst nicht mehr alternativ, sondern gewöhnlich und weit verbreitet sind, von Rechtsunsicherheit zu befreien. Dabei darf er sich nicht lediglich von finanziellen und sozialversicherungsrechtlichen Erwägungen leiten lassen, sondern muss dem Recht für die Menschen Genüge tun: In Patchwork-Familien werden Kinder erzogen und versorgt, Alltagsprobleme bewältigt, Konflikte gelöst und Lebensentwürfe verwirklicht. Dieses verdient gesellschaftlichen Respekt und rechtliche Gleichstellung.

Der Begründer der modernen Staatswissenschaft, auf den die Lehre von der Teilung der Gewalten als Grundlage demokratischer und liberaler Gesellschaftsordnungen zurückgeht, Charles de Montesquieu (1689–1755), sagt: »Etwas ist nicht recht, weil es Gesetz ist, sondern es muss Gesetz sein, weil es recht ist.« Dieser Auffassung ist die deutsche Gesetzgebung offensichtlich auch bei der Gleichstellung homosexueller Lebensgemeinschaften gefolgt. Ein Umdenken zu Gunsten der ungleich häufigeren Lebensform Patchwork-Familie scheint daher zwingend erforderlich und notwendig zu sein.

Alternative Familienformen werden immer alltäglicher. Dies bestätigt der so genannte Mikrozensus 1996–2004 des Statistischen Bundesamtes in aller Deutlichkeit: »Die Zunahme ›alternativer‹ Familienformen vollzieht sich sowohl in Ost- als auch in Westdeutschland. Unterschiedlich ist aber das Niveau dieser Entwicklung in beiden Teilen Deutschlands: 23 % der westdeutschen, aber 37 % der ostdeutschen Familien zählten im März 2004 zu den ›alternativen‹ Familienformen.«[24] Gleichwohl spielt das Lebensziel Familie in den Wertvorstellungen der meisten Menschen allen Umfragen zufolge nach wie vor eine ganz entscheidende Rolle. Besonders die überwiegen-

24. Vgl. Statistisches Bundesamt Wiesbaden, www.destatis.de.

de Mehrzahl junger Menschen möchte in naher Zukunft eine eigene Familie gründen und ihr Lebensglück mit anderen Menschen teilen. Es ist also nicht etwa so, dass die allseits zu beobachtende Vereinzelung in modernen Gesellschaften die Attraktivität des Lebenskonzepts Familie schwächen würde. Eher scheint es, als ob ein ganzes Bündel von Faktoren die Bindungsdauer und Bindungsintensität traditioneller Partnerschaftsbeziehungen beeinflusst.

Frauen und Männer, die eine Patchwork-Familie gründen, übernehmen Verantwortung, in der Regel sogar mehr als bei der Gründung ihrer ersten Familie, da sie sich jetzt auch noch dazu bekennen, nicht leibliche Kinder mit zu versorgen und oft auch mit zu erziehen. Für gewöhnlich sind die Eltern in einer solchen Familie älter und damit »reifer« als in so genannten Kernfamilien, sie wissen also, was auf sie zukommt, wie viel Freude, aber auch wie viel Verantwortung sie erwartet. Jede Gesellschaft, die es ernst meint mit der Verwirklichung ihrer moralisch-ethischen Prinzipien, die nicht zuletzt das leibliche und seelische Wohl der Kinder zum Inhalt haben, muss dieser Familienform die rechtliche Grundlage schaffen, sich voll und sicher entfalten zu können.

Die Patchwork-Familie hat Zukunft, zweifellos. Denn sie ist schon rein zahlenmäßig keine »alternative« Lebensform mehr. Darüber hinaus ist sie aber auch noch etwas ganz Anderes: Sie verschafft Kindern eine neue Heimat und bei allen Problemen die Chance, glücklich aufzuwachsen.

Literatur/Quellen/Internet

Bien, Walter/Hartl, Angela/Teubner, Markus (Hrsg.), Stieffamilien in Deutschland – Eltern und Kinder zwischen Normalität und Konflikt, Familien-Survey 10, Leske + Budrich, Opladen 2002.

Dröscher, Vitus B., Nestwärme: Wie Tiere Familienprobleme lösen, Deutscher Taschenbuchverlag, München 1984.

Friedl, Ingrid und Maier-Aichen, Regine, Leben in Stieffamilien – Familiendynamik und Alltagsbewältigung in neuen Familienkonstellationen, Edition Soziale Arbeit, Hans-Uwe Otto und Hans Thiersch (Hrsg.), Juventa Verlag Weinheim und München 1991.

Goleman, Daniel, EQ Emotionale Intelligenz, Deutscher Taschenbuchverlag, München, 1997.

Hetherington, Mavis E. (University of Virginia) und Arasteh, Josephine D. (University of California, Berkeley), Impact of Divorce, Single Parenting and Stepparenting on Children, Lawrence Erlbaum Assosiates Publishers, San Francisco 1992.

Keyserlingk, Linde von und Schweizer, Marion (Hrsg.), Stief und halb und adoptiv: neue Familie – neue Chance, Thema: Kinder, Patmos-Verlag, Düsseldorf 1994.

Visher, Emily B. und Visher, John S., Stiefeltern, Stiefkinder und ihre Familien – Probleme und Chancen, Psychologie Verlags Union, München/Weinheim 1987.

Wilk, Univ. Prof. Dr. Liselotte/ Knall, Mag. Isabella/Riedler-Singer, Dr. Renate, Gschwandtner, Mag. Martina, Was zeichnet Stieffamilien aus, Bundesministerium für soziale Sicherheit und Generationen (Hrsg.), Wien 2001.

Christine Brinck, »Nicht ohne meinen Papa – Trotz Patchwork-Familie und Scheidungswut: Kinder brauchen ihre Väter«, »Die Zeit« (01/2003).

Leben und Arbeiten in Deutschland, Sonderheft 1: Familien und Lebensformen, Ergebnisse des Mikrozensus 1996-2004, Statistisches Bundesamt Wiesbaden (Hg.), 2006

Website der Zeitschrift »Eltern«:
www.eltern.de/familie_erziehung/familienleben/
patchwork.html

Website Ministerium für Soziale Sicherheit und Generationen:
www.bmsg.gv.at/cms/site/attachments/3/8/7/CH0089/
CMS1056539034420/patchwork-familie.pdf

Website der Zeitschrift »GEO« (Nr. 03/05):
www.geo.de/GEO/kultur/gesellschaft/3495.html

Website Statistisches Bundesamt, Wiesbaden (Informationen über Mikrozensus 1996–2004)
www.destatis.de

Website »Deutsche Liga für das Kind«:
www.liga-kind.de
darin: »Stiefkinder und ihre Familien in Deutschland, Rechtlicher Status und tatsächliche Situation« von Dr. Lore Maria Peschel-Gutzeit, Senatorin für Justiz in Hamburg und Vorsitzende des Kuratoriums der Deutschen Liga für das Kind und Mitglied im Kuratorium des Deutschen Kinderschutzbundes.

GEO-Forum zumThema: »Kann man in einer Patchwork-Familie glücklich werden?«
http://www.geo.de/forum/forumdisplay.html?f=549

www.mein-kummerkasten.de